㈱サンレー　代表取締役社長
佐久間庸和
Sakuma Tsunekazu

# コンパッション!

# Compassion!

オリーブの木

# まえがき

わたしは、冠婚葬祭互助会を経営しています。

織田信長の「天下布武」にあやかって「天下布礼」を掲げています。「礼」とは「人間尊重」のことであり、冠婚葬祭を通じて人間尊重の思想を世の中に広めたいと考えています。

その中で、さまざまな言葉や考えに出合い、また自分自身もコンセプトといえるような言葉や考えを発信してきました。「ハートフル」をはじめ、その中のいくつかは人口に膾炙するものもありますが、まだまだ未熟という思いで、日々研鑽しております。

その中で出合ったのが「コンパッション」という言葉です。

教えていただいたのは、公私にわたってご指導をいただいている東京大学名誉教授の島薗進先生です。詳細は本文にゆずるとして、わたしは「コンパッション」という言葉を知ったとき、「これだ!」と思わず叫んでしまうほどの衝撃を受けました。

直訳すれば「思いやり」ということになるでしょうが、「コンパッション」という言葉が内包している大きさは「思いやり」を超えるものでした。キリスト教の「隣人愛」、儒教の「仁」、仏教の「慈悲」など、人類がこれまで心の支えにしてきた思想にも通じます。

わたしは当初、コンパッションを「ウェルビーイング」（持続的幸福）を超えるものと位置づけ、「ウェルビーイング」を踏まえて、『ウェルビーイングからコンパッションへ』という本を書こうと思いました。ところが、深く学べば学ぶほど、「コンパッション」と「ウェルビーイング」は陰と陽というか、お互いが補完し合う関係であることに気がつきました。そして、その両方がなければ、社会は良くならないことにも気づきました。

結果、わたしは「ウェルビーイング」と「コンパッション」についての二冊のツインブックスを書こうと決心しました。その双子本の一つが本書『コンパッション！』です。

わたしが「コンパッション」という考えに邂逅したときの驚きと、「ウェルビーイング」との関係がよくご理解いただけると思います。ぜひ『ウェルビーイング？』と併せてお読みいただけると幸いです。

# コンパッション！

## もくじ

第2章

## コンパッションの思想

第3章

## コンパッションの実践



## エピローグ　大いなるハートフル・サイクルへ　PDCAからCSHW　

# プロローグ

# ある事件が教えてくれた「思いやりの上書き」

二〇二三年一月八日、北九州市で開かれた「二〇歳の記念式典」で、振り袖に墨汁のようなものをかけられる事件が発生しました。

三三歳の男性容疑者が逮捕されましたが、一〇数件の被害が確認されました。その中には、わたしの会社が運営するホテルでお世話させて頂いたお客様も含まれていました。当日の全国ニュースに映った衣裳も、わが社の衣裳でした。

当日の夜、お客様のお母様からの連絡で「娘が大変ショックを受けていること」「実家の祖父母へ晴れ姿を見せに行く予定だったこと」を聞いた担当者は、なんとかこの悲しみをケアし、喜びに変えたいと思案しました。

現場からの相談を受けたわたしは、「コンパッション（思いやり）で行きなさい！」と即答。担当者はお客様への慰めの言葉に加えて、「ぜひとも新しい振袖を着て、ご実家に行きましょう！　当ホテルで無償で準備をさせて下さい」と伝えたのです。

テレビ各局からの取材を受けたお嬢様は、ホテルスタッフの対応に感謝の言葉を語られました。その後、ホテルへ複数のテレビ局からの取材が相次ぎました。

取材では、わが社が日頃より「コンパッション」を意識して「お客様に寄り添った対応」を意識していることを担当者が熱く語ってくれました。そして、成人式の思い出が汚され

# 1カ月遅れの振り袖姿

## 「二十歳の式典」で墨汁被害

小倉北区で1月8日に開かれた「二十歳の記念式典」会場周辺で、複数の女性が振り袖に墨汁のような液体をかけられた事件で、被害に遭った小倉南区の女性(20)が12日、別の振り袖を借りて市内のホテルで写真撮影した。式典当日に振り袖を貸したホテルが着付けとセットで無償提供した。約1カ月遅れとなった女性の晴れ姿を、家族は涙を浮かべて祝った。（上田泰成）

## 小倉南の女性　祖母に見せる夢かなう

家族と記念撮影する被害女性（左から2人目）

孫の晴れ姿を見て喜ぶ祖母

### 貸したホテル　無償で撮影

「きれい」。女性の振り袖姿を見た母親(46)は涙ぐんだ。白と緑を基調に松や桜の花などの柄があしらわれた着物を身に着けた女性。「式典で着た振り袖と、この振り袖のどちらにするか迷っていたんです」。鏡に写った姿を見つめ「いろんな方に協力してもらい、気持ちを新たにまた着ることができた。感謝の気持ちでいっぱい」と話した。

撮影会は小倉北区の「松柏園ホテル」の粋な計らいで開かれた。ホテルは「被害に遭った女性に落ち度はない」と液体が付いた振り袖のクリーニング代を全額負担。さらに別の振り袖の着付けと写真撮影を無償で申し出た。ホテル内の庭園で、夫(24)と6カ月の娘など家族に見守られながら撮影に臨む女性を、温かな空気が包んだ。

女性によると式典当日、会場には入らず友人と記念撮影するなどして過ごした。友人と別れてモノレールで帰ろうと切符を購入する際、黒いしみに気づいたという。液体は腰付近に多く付着し、流れ落ちて足袋まで汚れていた。

祖母(83)に振り袖姿を見てもらう予定だったが、急きょ取りやめた。自宅の最寄り駅まで迎えに行った夫は「妻の表情は暗かった。なんでこんなことをするのかと怒りがこみ上げた」と当時を振り返る。

撮影を終えた女性は祖母宅に向かった。「本当に良かったね。きれいだよ」。祖母は涙を流し孫の手を握った。女性は「大好きなおばあちゃんに一番、振り袖姿を見せたかった。夢がかなえられて良かった」と晴れやかな笑顔を見せた。

小倉北署は、若松区の女性(20)の振り袖に墨汁のような液体をかけた器物損壊の疑いで1月24日に逮捕した同区の会社員の男(33)を、別の女性の振り袖にも液体をかけたとして14日にも再逮捕する方針。捜査関係者などによると、当初、容疑を否認していたが、現在は「振り袖に興味があった」など容疑を認める供述をしているという。

1月8日、振り袖の背後にかけられた墨汁のような液体（女性提供）

「西日本新聞」（朝刊）2023年2月14日より

▪後日談▪

わたしは、松柏園ホテル衣装部に「コンパッション社長賞」を贈りました。その後、墨汁事件の被害に遭った二〇歳の女性が新しい晴れ着を着て松柏園の庭園で写真撮影していたとき、それを見ていたお客様（親御様）が「ぜひ、松柏園で子供の婚礼をお願いしたい」と予約してくださったそうです。それを知ったわたしは、「思いやりの上書き」が「幸せの連鎖」を起こしたと思いました。

る悲しい事件の中でも「思いやりの上書き」ができたことに各局とも好意的にご紹介いただきました。

残念ながら、人間は一生に一度の晴れの日の振り袖に墨汁をかけるという非道な行為も行ないます。でも、人間は困っている人にコンパッションを提供し、そのグリーフ（悲嘆）をケアすることもできるのです。そう、非道には人道で対抗すべきではありませんか！

この人道的コンパッション対応はヤフーニュースのトップ記事にもなり、数千件の称賛コメントが寄せられました。わが社のホテルは「松柏園ホテル」というのですが、その公式サイトへのアクセス数はなんと一四〇倍以上になり、翌年の成人式の衣装予約はほぼ一杯になりました。さらには、結婚式の予約も信じられないほどに増えました。

図らずも、コンパッションがビジネスにも好影響を与えることが証明されたのです。

わたしは、社長として、「コンパッション・ホテル」としての対応を見事に果たしたホテルの衣装スタッフのみなさんに感動しました。一生に一度の晴れの日を悲しい事件で終わらせることなく、お客様のグリーフを共有し、新たな喜びのサイクルを呼び込んだメンバーを心から誇りに思います。

北九州に関連する著名人の方々からも大きな反響がありました。

第一交通産業の田中亮一郎社長からは「ニュース見ました！　流石です！　なんか心がジワーって来ました。一生に一度の思い出が、より鮮明に記憶される思いやりですね」とのメールを頂戴しました。

NPO法人ロシナンテスの川原尚行代表からは「残念な事件ですが、これは大ファインプレーですね！　末娘が昨年成人したので親御さんの気持ちが痛いほどわかります。それにしても、サンレーさんは素晴らしいことをされますね」とのLINEを頂戴しました。

北九州市に本社を置く第一交通産業さんはタクシーの保有台数が日本一の会社で、そのサービス内容も最高級の評価を受けられているホスピタリティ企業です。同じく北九州市に本部を置くロシナンテスさんは、アフリカへの医療支援で世界的に有名な人道組織です。

日頃より尊敬申し上げている方々から温かいお言葉を頂戴し、感激しました。

後ほど説明しますが、相手を認めたり、賞賛することも「コンパッション」なのです。

# 第1章

# コンパッションとは何か？

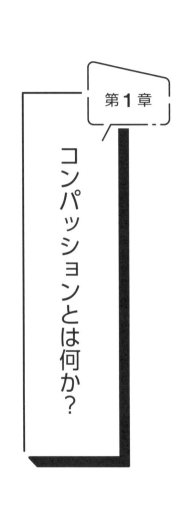

## コンパッションとの出合い

二〇二三年、わたしが社長を務める株式会社サンレーはおかげさまで創立五七周年を迎えますが、わが社のこれまでの歩みを象徴するようなキーワードに出合いました。「コンパッション」という言葉です。英語の「コンパッション」を直訳すると「思いやり」ですが、思いやりは、「隣人愛」「仁」「慈悲」「利他」「ケア」などにも通じます。ブッダや孔子やイエスといった偉大な聖人たちの思想がアップデートされた言葉だと思います。

二〇二二年九月二四日、わたしは東京の西巣鴨にある大正大学で開催された公開講座に参加しました。宗教学者の島薗進先生の特別講義を受講するためです。わたしは二〇一八年から二〇二二年まで上智大学グリーフケア研究所の客員教授を務めましたが、そのときに同研究所の所長だったのが島薗先生でした。島薗先生とは『グリーフケアの時代』（弘文堂）という共著も出させていただき、公私ともにご指導をいただいていました。

その島薗先生の特別講義で、初めて「コンパッション都市」というものを知りました。それは、「老、病、死、喪失を受けとめ、支え合うコミュニティ」であり、一言で表現するなら「悲しみをともにする共同体」です。

その概念は、一九八六年の「健康づくりのためのオタワ憲章」（ＷＨＯ）の原則に基づきながらも、それを人生最終段階ケアに適用し、共同体の責任としたものです。この共同体モデルでは、死にゆく人と非公式の介護者が社会的ネットワークの中心に置かれているという図を見ることができます。都市としては「コンパッション都市」と呼ばれます。

大正大学の公開講座は、一般社団法人 全日本冠婚葬祭互助協会（全互協）によるもので、当日は全国各地から冠婚葬祭互助会の関係者も多く集まっていました。島薗先生の講義を聴きながら、わたしは、コンパッション都市とはまさに互助会が創造すべきコミュニティのモデルだと思いました。それは「互助共生社会」の雛型であると感じたのです。

わたしは、そのときの驚きと喜びを忘れることができません。

Column

## コンパッションが求められるわけ

東京大学名誉教授　島薗進

現代人と現代社会に不足していて、切実に求められているものに「コンパッション」がある。コンパッションは仏教の「慈悲」の訳語として用いられるし、「パッション」はキリストの「受難」だから、キリスト教の「愛」とコンパッションが関連づけられるのも不思議ではない。キリストが受難によって人々を救ったように、他者の苦難に寄り添い、支えようとするような心の姿勢を指している。

この言葉は「ケア」という言葉とも関係が深い。現代社会は人が孤立しやすく、居場所がなくなるように感じることが生じやすい。ケアが枯渇しがちな社会と言える。そのようなケアの不足を超えようとするところにコンパッションが求められる。「コンパッション都市」を目指そうとする運動があるが、それは無関心と「ケアしないこと」からの脱皮を目指すものだ。

「コンパッションは「利他」とも関わりが深い。現代社会は個々人が自利を追求するのに汲々とせざるをえないようなところがある。まず自分を、そして家族や仲間や従業員を守るのにせいいっぱい。それなら許せるが、そこまで富を蓄積したり、力を行使しなくてもと感じることも多い。そこで忘れられているのは、他者とともに生きていることの大切さだ。これが現代社会で「利他」が求められる理由で、コンパッションが求められる理由と重なっている。

仏教徒のなかには、慈悲は仏や菩薩こそが行うもので、ふつうの人間はなかなか実践できない。無理に慈悲を求めることで偽善に陥ったり、自己を傷つけたりすることもある。そのことにもっと注意すべきだという考え方もある。そこで、現代のコンパッションにおいては、コンパッションを自己にも向ける、つまりセルフコンパッションを重視する動向もある。コンパッションを掲げることで、新たに自己を見直すことも大事な一面だ。

互助会はもともとコンパッションを大きなモチベーションとしていた。厳しい社会状況のなかで、それを形にしてくのは難しい。だが、あらためて初心に返り、「コンパッション都市」を求める企業のあり方として展開する可能性がある。そこを目指すことで、ますますせちがらくなる現代社会に新たな光を投じてほしいものだ。

Column

## 『コンパッション都市』

アラン・ケレハー著・竹之内裕文・堀田聰子監訳

同書では、人間に不可避の老い、病、死、そして喪失を受けとめ、支え合うコミュニティである「コンパッション都市」の基本的な思想・理論とともに、実践に向けたモデルが詳しく解説されています。

著者のアラン・ケレハーは医療社会学者で、米国バーモント大学臨床教授を務めています。専門は、パブリックヘルスとエンドオブライフケア。オーストラリア・ニューサウスウェールズ大学で社会学の博士号（Ph・D）を取得。同国ラトローブ大学教授、東京大学客員教授、英国バース大学教授、カナダ・ダルハウジー大学教授、英国ミドルセックス大学教授、英国ブラッドフォード大学教授を歴任。英国社会科学アカデミーフェロー（FAcSS）でもあります。

同書の日本版の帯には「老、病、死、喪失を受けとめ、支え合うコミュニティをつくる」として、島薗進先生の推薦文が紹介されています。

（慶應義塾大学出版会）

## 「コンパッション」は互助に通じる

コンパッション研究の第一人者であるアラン・ケレハーの著書『コンパッション都市』が慶應義塾出版会から翻訳出版されました。その冒頭には次のような文章が出てきます。

「生命を脅かす病気、高齢、グリーフ・死別とともに生きる市民がいます。また家庭でケアを担う市民がいます。そんな境遇にあるすべての市民を手助けし、支援するために組織される地域コミュニティ、それがコンパッション都市・コミュニティです」と書かれ、この用語の中心には、互恵性（ｒｅｃｉｐｒｏｃｉｔｙ）と具体的行動（ａｃｔｉｏｎ）という考え方があります」（竹之内裕文／堀田聰子監訳）

これを読んで、わたしは、「互恵」とは「互助」のことではないかと思いました。

互助共生社会の実現のために具体的行動を続けるわが社にとって、「コンパッション」はまさにドンピシャリの究極のキーワードであると思いました。

## コンパッショナリー・カンパニーへ

現在は「ＳＤＧｓ」が時代のキーワードになっています。しかしながら、これは二〇三〇年で終わります。

その後、「ウェルビーイング（Ｗｅｌｌ‐ｂｅｉｎｇ）」が主流になると言われていますが、わが社ではすでに四〇年も前から使っていた言葉です。本書の双子本である『ウェルビーイング？』ではその取り組みのきっかけや活動の詳細にふれています。

「ウェルビーイング」はもともと健康についての包括的概念であり、その後は幸福の概念に進化していますが、じつは決定的に欠けているものがあります。

それは「死」や「死別」や「グリーフ」です。これらを含んだ上での健康でなければ意味はなく、まさにそういった考え方が「コンパッション」なのです。

つまり、「ウェルビーイング」を補完するものが「コンパッション」という考え方であると言えます。

ケレハーによれば、コンパッション都市の主体となるのは、地方自治体、葬儀会社、そしてグリーフや緩和ケアに携わる組織です。

また、コンパッション都市実現のための具体的行動案として、

①「移動型の死への準備教室」

②「ご近所見守りパトロール」

③「コンパッション関連書の読書クラブ」

④「死を描いた映画の上映会」

などが挙げられています。じつは、これらはわが社の活動そのものです。

わが社は、さらにコンパッションを意識した事業や活動を展開し、「コンパッショナリー・カンパニー」を目指したいと思っています。

## コミュニティの存在

『コンパッション都市』の中から、さらにコンパッションというコンセプトについて詳しく紹介していきましょう。

同書では、コミュニティの大切さを強調し、地域でのサポートを重要視しています。「日本の読者へ」の冒頭の「コンパッション都市・コミュニティとは」を、著者のケレハーは以下のように書きだしています。

「生命を脅かす病気、高齢、グリーフ・死別とともに生きる市民がいます。また家庭でケアを担う市民がいます。そんな境遇にあるすべての市民を手助けし、支援するために組織される地域コミュニティ、それがコンパッション都市・コミュニティです。『コンパッション』(compassion)という用語は、たんなる好意や気づかいの感情以上のことを意味します。この用語の中心には、互恵性（reciprocity）と具体的行動（action）という考え方があり

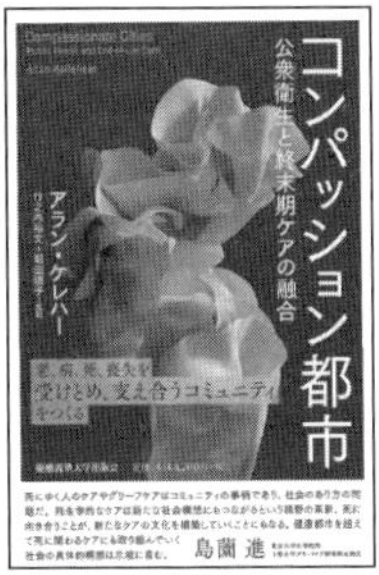


- コンパッション都市 Compassionate Cities
- 老、病、死、喪失を受け止め、支え合うコミュニティ
- グリーフケアを中核とした都市
- 相互扶助の社会構想

↓

**互助共生社会**

ます。パブリックヘルス（公共の課題としての健康）の視点から『コンパッション』の意味を理解する場合、好意や気づかいは〔たんなる感情にとどまらず〕、一連の互恵的な行動を生み出し、それが保健サービス（health service）とそれを包摂する市民セクターの間、家族と隣近所の間、働く者と雇用者の間、教員と生徒の間、地方自治体とその市民の間に広がってゆく必要があります」（同訳）

まさに、ケレハーのこの言葉に、わたしの社会的使命、つまり互助共生社会の実現が込められている思いがしました。

## セルフ・コンパッションとは？

最近、「セルフ・コンパッション」という言葉をよく聞きます。

セルフ・コンパッションとは、いわば自分自身への思いやりです。どんなときに思いやるか――たとえば自分の欠点（容姿や性格など）、あるいは人生におけるさまざまな苦しみ（受験の失敗、仕事でのミスなど）に直面した時に、自分自身を肯定することをいいます。

テキサス大学オースティン校の教育心理学部の准教授で、クリスティン・ネフは、著書『セルフ・コンパッション』で、「自分への優しさ」、「共通の人間性」、および「マインドフルネス」という三つの主要な要素でセルフ・コンパッションは構成されていると定義します。

苦しみや悲しみ、自らの欠点などに直面したときに、それらを無視したり、自己批判することで、さらに自分を傷つけたりするのではなく、自分自身に温かい態度で接することです。ここには親しい人と別れる悲しみも含まれます。つまり、セルフ・コンパッション

セルフ・コンパッション
（自分自身への思いやり）

・自分への優しさ
・共通の人間性
・マインドフルネス

はグリーフケアに通じるのです。

自らを肯定することが難しいとき、共通の苦しみや失敗を「自分だけの経験」とせずに、グリーフ共有することが大切です。自分を孤独に追い込むのではなく、人間の共通の経験の一部であると認識すること、それがセルフ・コンパンションです。

セルフ・コンパッション実践研究の第一人者であるネフによれば、セルフ・コンパッションのある人は、それがない人よりも大きな心理的健康を得ているそうです。

## エンドオブライフケアの問題

『コンパッション都市』には、「エンドオブライフケア（人生の終わりのケア）」という言葉が出てきます。

ケレハーは、「コンパッションに導かれた行動は、死の陰のうちに生きるすべての市民――わたしたち全員――のために必要な行動を生み出すでしょう。わたしたちはそれぞれの生活・人生で、現在も日常的な経験を重ねています。その本質的で揺るぎない一部として、人生の終わり――たんに最後の数日間ないし数週間をいうのではありません――の諸経験は公認され、支援されなければなりません。コンパッションコミュニティとは、相互的なケアへ向けて編成されたコミュニティにほかなりません」と語っています。わたしがウェルビーイングに欠けていると考えていた部分が、まさにここです。

『コンパッション都市』の原書が公刊された二〇〇五年当時、エンドオブライフケアは医師、看護師、心理士、ソーシャルワーカーによって提供されるサービスであったとして、ケレハーは「学校、職場、地方自治体だけでなく、隣近所においてさえ、一般市民はいかなる役割も果たしていませんでした。エンドオブライフケアのこうした流儀は、ヘルスケアについての旧式で時代遅れの理解——二〇世紀初頭に由来する——から導き出されたものです。健康に対する責任は、伝統的に、もっぱら専門職が担うべきものと考えられていたのです」と述べています。

これは、まさにエッセンシャルワーカーの仕事ではないでしょうか。理想的なエンドオブライフケアを実現するためには、エッセンシャルワーカーたちの充実しかありません。

わたしたちは、すでに新型コロナウイルスによるパンデミックで、エッセンシャルワーカーの必要性を肌で感じたはずです。

# グリーフケアは誰が支えるのか？

エンドオブライフを考えるとき、忘れてならないことがあります。

それは、死にゆくことは最期の数日ないし数時間にとどまらないということです。

病院やホスピスでは、最期の数日間ないし数時間、いわゆるエンドオブライフケアが提供されます。でもそれはエンドオブライフケアの主要な舞台ではありません。グリーフを抱えることは、愛する人の死の直後の数週間に限定された、たんなる個人的な経験ではないということです。じつはグリーフはその後も続きます。配偶者を亡くした場合は数年、子どもを亡くした場合などは一生続くといっても過言ではありません。

老いと介護は、数カ月や数週間という単位ではなく、数年にわたって進行します。

死にゆくこと、グリーフを抱えること、介護をすること、これらの営みの大半はかなり長期にわたり、当人を非常に孤立させます。うつ状態になる方も少なくありません。その

## グリーフケアは誰が支える？

グリーフを抱える「悲嘆者」が日常生活の中でケアを受けることができるように、広い範囲でケアを実践する者が必要となっています。

ような時間と経験において医療的ケアの果たす役割は、人生の終わりの経験に足場を与えるライフスタイルや毎日の日課に照らせば明らかなように、重要ではあるものの、とても小さいものとして扱われてきました。

実際、死別経験者や介護者のなかには、消耗、不眠症、うつ状態のほか、胃腸の不調、心臓動悸・不整脈、不安発作、頭痛などの小さな病気に悩まされる人が多くいます。ヤングケアラーの問題も大きな社会問題としてメディアで取り上げられてきましたが、まったく改善されていません。メディアが取り上げなくなっただけです。

『コンパッション都市』でも「社会的孤立、孤独、不安、うつ状態、学校や仕事に出かけられない日々、恥辱やスティグマ（社会的烙印）、財政的困窮、疲労、多発性の病気」などと、その深刻さが語られています。

このように病気、喪失、介護の問題は、死別後の突然死、場合によっては自死という、さらに深刻な事態を招きます。それがグリーフに関する認識ではないでしょうか。

大多数の人々は、大半の時間を自宅で、あるいは隣近所で、あるいは職場で、あるいは学校で、あるいは商店街の買い物によって、あるいは寺院で、あるいはクラブ活動か他のレクレーション活動の場で過ごします。人々が訪れる際、これらの場所で支援が得られるのでなければなりません。医師や看護師は、あるいはソーシャルワーカーは、一日中、わたしたちとともにいられるわけではありません。

でも、わたしたちの友人、家族、職場の同僚、学友、趣味の仲間は、共にいることができます。近くの親戚より近所の他人――この言葉には「コンパッション」の根本に通じるものがあります。

## ケアリング労働とは何か？

看護師、バス運転手、歯科医、道路清掃員、農家、音楽教師、修理工、庭師、消防士、舞台美術、配管工、ジャーナリスト、保安検査員、ミュージシャン、仕立屋、子どもの登下校の交通指導員といった人々のうち、「あなたの仕事は世の中に意味のある影響を与えていますか」という質問に対し、「いいえ」にチェックする者は、およそゼロです。

アメリカの文化人類学者デヴィッド・グレーバーは、著書『ブルシット・ジョブ』で「労働とは、槌で叩いたり、掘削したり、滑車を巻き上げたり、刈り取ったりする以上に、ひとの世話をする、ひとの欲求や必要に配慮する、上司の望むことや考えていることを説明する、確認する、予想することである（同訳）」と述べます。これらの仕事を「ケアリング労働」といいます。ケアリング労働は、一般的に他者にむけられた労働とみなされており、そこにはつねにある種の解釈労働や共感、理解が含まれています。

## ブルシット・ジョブの存在

ここで、エッセンシャルワークについて深く考えてみたいと思います。

みなさんは、「ブルシット・ジョブ（BSJ）」という言葉を知っていますか。「クソどうでもいい仕事」という意味です。BSJは、当人もそう感じているぐらい、まったく意味がなく、有害ですらある仕事です。しかし、そうでないふりをすることが必要で、しかもそれが雇用継続の条件なのです。

前出の文化人類学者デヴィッド・グレーバーが『ブルシット・ジョブ』で提唱したポイントを一言でいうと、「生産する経済からケアする経済へ」です。

グレーバーは、「なぜ、やりがいを感じずに働くひとが多いのか。なぜ、ムダで無意味な仕事が増えているのか。なぜ、社会のためになる職業ほど給与が低いのか」と読者に問いかけ、「労働とは『生産』というより『ケア』だ。そして『経済』とは私たちが互いにケアし、生存を支えあうための方法だ」と訴えます。

ＢＳＪは、完璧に無意味で、不必要で、有害でもある有償の雇用の形態です。その雇用条件の一環として、本人は、そうではないと気づいていることも多いです。

グレーバーは、「わたしたちの社会では、はっきりと他者に寄与する仕事であればあるほど、対価はより少なくなるという原則が存在するようである」と述べます。さらには、読者に「ある職種の人間すべてがすっかり消えてしまったらいったいどうなるだろうか、と問うてみること（酒井隆史・芳賀達彦・森田和樹訳）」を薦めています。

もし仮に看護師やゴミ収集人、あるいは整備工の方々が消えてしまったら社会は壊滅的になりますし、教師や港湾労働者の方々のいない世の中はただちにトラブルだらけになるでしょう。一方、企業の株の売り買いで収益を得るＣＥＯやロビイスト、広報調査員、保険数理士、テレマーケター、裁判所の廷吏、リーガル・コンサルタントが消えた場合はどうなるか？　グレーバーによれば、人々は何ら困らないといいます。

## エッセンシャルワークの役割

古代ギリシャの哲学者アリストテレスは、「人間は社会的動物である」と述べました。人間は元来、共感する存在であり、他者とコミュニケーションし合うものです。それゆえに、わたしたちは、たえず互いの立場を想像して、他者が何を考え、何を感じているか、理解しようと努めなければなりません。

トイレの清掃を例に挙げると、トイレというものは清掃を必要としています。だとすれば、その仕事にあたる人は、その仕事が他者に利する行為だと自覚することによってもたらされる自尊心をもっています。他方で、他人から尊敬と敬意の払われる仕事をする人たちがいます。その仕事に就いた人間は、高い収入を得て、大きな利益を受け取っています。しかし内心では、みずからの職業や仕事がまったく無益なものだと自覚しながら労働しているのかもしれません。まことに悲しいことです。

「ブルシット・ジョブ」の反対が「エッセンシャルワーク」という言葉です。これには、医療・介護などをはじめ、社会に必要な仕事のことですが、トイレの清掃も含まれます。

わたしは、エッセンシャルワークに冠婚葬祭業も含まれると考えています。しかも、冠婚葬祭業は他者に与える精神的満足も、自らが得る精神的満足も大きいものであり、いわば「心のエッセンシャルワーク」とでも呼ぶべきでしょう。

わたしは冠婚葬祭互助会の業界団体のグリーフケア・プロジェクトチームの座長として、「グリーフケア資格認定制度」を創設しました。全国の冠婚葬祭互助会の社員を中心に「グリーフケア士」の養成を行なっています。わが社からは一〇〇名を超えるグリーフケア士が誕生し、日本に一〇名しかいない上級グリーフケア士も二名生まれています。

わたしは、グリーフケア士を含む冠婚葬祭業こそは心のエッセンシャルワーク、いわば、「ハートフル・エッセンシャルワーク」と呼ばれると考えています。そして、それは「ケアワーク」そのものでもあるのです。

## 喪失は、多様に存在する

コンパッションは、喪失の普遍的性格に対する関心を必ず含みます。ゆえにグリーフケアが必要になります。喪失というと、死別を考えがちですが、さまざまな喪失があります。がんをはじめとした終末期疾患、暴力（犯罪や虐待の犠牲者）により生じることもあります。加齢による、「若さ」への喪失もあります。現代人がアンチエージングにこだわるのも、そうした喪失からくるものではないでしょうか。

ペットロスというのも、当事者にとっては大きな喪失です。ウクライナを始めとした戦争のケースでは、祖国や故郷への喪失もあるでしょう。

コミュニティにおいて、死と喪失は常に異常な社会経験と見なされます。

ケレハーは、「この種のサービスが学校と職場にすぐにアクセスできることは不可欠である。それは、グリーフケアと緩和ケアを促進するとともに、学校と職場が死と喪失について情報を得られるよう支援を行うためでもある。職場または校庭で深刻な病気、死、あるいは喪失に取り組む個人および職場の能力を開発すること＝社会的・個人的能力開発のために、学校と職場とのパートナーシップをつくり出すことができる。グリーフケアと緩和ケアのサービスとの間に、より強く、より大きな、参加型の関係性を築かないかぎり、それらのサービスへの依存は減るどころか高まり、個人とコミュニティの回復力と支援を増進するわたしたちの能力は最小化してしまう」と述べています。

わたしたちの進展し続ける現代のあらゆる多様性のなかで、コミュニティとして共に生きるという、この一層広い問題に、死と喪失を結びつけることは斬新であるとして、ケレハーは「コンパッションというアイディアを、健康、死と喪失に結びつけること、そして、死と喪失を変化と終わりというより広い経験に再接続することも、多くの人にとって初めて知ることである。これらのすべてのつながりは、エンドオブライフにおけるコミュニティケアの新たな見方、作り方を提示している」と述べるのでした。

# 第2章

# コンパッションの思想

# 二大テーマの象徴

わたしは、昔から人間の「幸福」というものに多大な関心を抱き、あらゆる幸福論を読み漁ってきました。冠婚葬祭を業とするようになってからは、陰陽の二本の光線を交互に投射したとき、初めて幸福の姿が立体的に浮かび上ってくると考えるようになりました。

それは、「死」があるからこそ「生」が輝くことにも通じています。太極図では、陰と陽が一つの円を作っています。陰と陽の光があたり、一つの円が見えてくるという感覚です。言い換えると、陰と陽がないと円は見えてきません。

わたしは、喜びと悲しみ、冠婚と葬祭、平和と平等、そしてウェルビーイングとコンパッションを繋いで「幸福」というものを実現したいと思いました。地球環境の問題は別にして、人類の普遍的な二大テーマは「平和」と「平等」でしょう。その「平和」「平等」を実現するコンセプトが、「ウェルビーイング」「コンパッション」なのです。

| Well-being | Compassion |
| --- | --- |
| 陽 | 陰 |
| SUN | MOON |
| 平和 | 平等 |
| 冠婚 | 葬祭 |

太極図

## 宗教に共通するコンパッション

ウェルビーイングが「幸せ」なら、コンパッションは「思いやり」です。「思いやり」こそは、人間として生きる上で一番大切なものだと多くの人々が語っています。

たとえばダライ・ラマ一四世は「消えることのない幸せと喜びは、すべて思いやりから生まれます」と述べ、あのマザー・テレサは「私にとって、神と思いやりはひとつであり、同じものです。思いやりは分け与えるよろこびです」と語りました。

仏教の「慈悲」、キリスト教の「隣人愛」まで含めて、すべての人類を幸福にするための思想における最大公約数とは、おそらく「思いやり」という一語に集約されるでしょう。もっというならば、宗教とは人を幸せにするために、「思いやり」という手段を用いなさい、といっているわけです。その表現が、それぞれの宗教で違うだけで、本質は共通しています。

自分が幸せになるだけでなく、人を幸せにするという目的に変わりはありません。

## 仏教における「慈悲」

具体的にそれぞれの宗教が掲げている「思いやり」は何かを見ていきましょう。

仏教におけるコンパッションは「慈悲」に集約されます。慈悲とは、他の生命に対して楽を与え、苦を取り除くこと（抜苦与楽）を望む心の働きをいいます。

慈悲は元来、四つある四無量心（四梵住）の徳目「慈・悲・喜・捨」のうち、最初の二つをひとまとめにした用語・概念であり、本来は慈《いつくしみ》、悲《あわれみ》と、別々の用語・概念です。

慈はサンスクリット語の「マイトリー」に由来し、「ミトラ」から造られた抽象名詞であり、本来は「衆生に楽を与えたいという心」の意味です。悲はサンスクリット語の「カルナー」に由来し、「人々の苦を抜きたいと願う心」の意味です。大乗仏教においては、この他者の苦しみを救いたいと願う「悲」の心を特に重視し、「大悲」と称します。

仏教における「慈悲」は、『慈経』において最も簡潔に説かれています。

『慈経』とは、仏教の開祖であるブッダの本心が、シンプルかつダイレクトに語られた最も古い教えです。ブッダは、人間が浄らかな高い心を得るために、すべての生命の安楽を念じる「慈しみ」の心を最重視しました。

八月の満月の夜、月の光の下、『慈経』を弟子たちに説いたといわれています。

数多くある仏教の諸聖典のうちでも、『慈経』は最古にして最重要なお経とされています。上座部仏教の根本経典であり、大乗仏教の『般若心経』に比肩するものです。

「慈悲」という考えが生まれた背景には、インドの悲惨なカースト制度があったと思います。ブッダは、あらゆる人々の平等、さらには、すべての生きとし生けるものへの慈しみの心を訴えました。つまり、コンパッションには「平等」への志向があるのです。

現在、新型コロナウイルスによるパンデミックによって、世界中の人々の格差はさらに拡大し、差別や偏見も強まったような気がします。このような分断の時代に、また超高齢社会および多死社会において、「コンパッション」は求められます。

Column

## 「慈経」（自由訳　全文）　一条真也

一　平和の境地にある人は
心身ともにすこやかで
言葉やさしく　誠実で
うぬぼれることはない

二　足るを知り　簡素に暮らし
慎《つつ》ましく生き
心は平穏で　体中の感覚が静まり
賢く　おごらず
それを他人に説くことはない

三　他人から非難されるような
下劣な行ないは
わずかでも決してするべからず
そして　命の尊さを祈るべし
すべての生きとし生けるものが
幸せであれ
平穏であれ
安らかであれ

四　弱きものも　強きものも
大きいものも　小さきものも
すべての生きとし生けるものの
命の尊さを祈るべし
幸せであれ
平穏であれ
安らかであれ

五　目に見えるものも　見えないものも
近くにあるものも　遠く彼方にあるものも
すでに生まれたものも
これから生まれようとしているものも
すべての生きとし生けるものが
幸せであれ
平穏であれ
安らかであれ

六　相手が誰であろうと
決して欺《あざむ》いてはならぬ
どんなものであろうと
蔑《さげす》んだり軽んじたりしてはならぬ
怒りや悪意を通して
他人に苦しみを与えることを
望んではならぬ

七　あたかも
母がたった一人の我が子を
無私の心で命を懸けて守るように

すべての生きとし生きるものを
慈《いつく》しむべし

八 慈しみの心に勝るものなし
それは空よりも高く　海よりも深く
果てしなくつづく大地よりも広い
この世はあなたの心を映すであろう

九 立っているときも
歩いているときも
座っているときも
横たわっているときも
この慈しみの心を
しっかりと持つべし

眠りにつくときも
命の尊さに祈りを捧げるべし
これこそが
崇高な境地と呼ばれるもの

十 さまざまな邪見にとらわれず
戒《いまし》めを守り
正しい洞察力を備え
すべての感覚を研ぎ澄ませれば
もう二度と悩みや不安に
怯《おび》えることはないであろう

# 仏教における「利他」

コンパッションは、仏教における「利他」の精神にもつながります。

ここ数年、わたしは「ケア」について考え、サービス業をケア業へと進化させる方法を模索しています。そんな中、『思いがけず利他』中島岳志著（ミシマ社）という本に出合い、「利他」が「ケア」に通じることを確認しました。東京工業大学で「利他プロジェクト」を立ち上げた著者は、一九七五年大阪生まれ。大阪外国語大学卒業。京都大学大学院博士課程修了。東京工業大学リベラルアーツ研究教育院教授です。同書の「はじめに」の冒頭で、中島氏は「コロナ危機によって『利他』への関心が高まっています。マスクをすること、行動を自粛すること、ステイホームすること――。これらは自分がコロナウィルスにかからないための防御策である以上に、自分が無症状のまま感染している可能性を踏まえて、他者に感染を広めないための行為でもあります」と書きだしています。

## 「他力本願」とは何か？

いまの自分の体力に自信があり、感染しても大丈夫と思っても、街角ですれ違う人の中には、疾患を抱えている人が大勢いるだろうとして、中島氏は「恐怖心を抱きながらも、電車に乗って病院に検診に通う妊婦もいる。通院が不可欠な高齢者もいます。一人暮らしの高齢者は、自分で買い物にも行かなければなりません。感染すると命にかかわる人たちとの協同で成り立っている社会の一員として、自分は利己的な振る舞いをしていていいのか」ということが各人に問われるといいます。

人間が自身の限界や悪に気づいたとき、「他力」がやって来ます。「他力本願」というと、「他人まかせ」という意味で使われますが、浄土教における「他力」とは、「他人の力」ではなく、「阿弥陀仏の力」です。「他力本願」とは、すべてを仏に委ねて、ゴロゴロしていればいいということではなく、大切なのは、自力の限りを尽くすことです。

## 「利他」から「互助」へ

自力で頑張れるだけ頑張ってみると、わたしたちは必ず自己の能力の限界にぶつかります。そして、自己の絶対的な無力に出合うとして、中島氏は「重要なのはその瞬間です。有限なる人間には、どうすることもできない次元が存在する。そのことを深く認識したとき、『他力』が働くのです」と述べています。

それが大切なものを入手する偶然の瞬間です。重要なのは、わたしたちが偶然を呼び込む器になることです。偶然そのものをコントロールすることはできませんが、偶然が宿る器になることは可能です。そして、この器にやって来るものが「利他」であるというのです。器に盛られた不定形の「利他」は、いずれ誰かの手に取られます。その受け手の潜在的な力が引き出されたとき、「利他」は姿を現し、起動し始めるのではないでしょうか。

わが社は冠婚葬祭互助会ですが、互助会の普及とは「利他」の精神の普及そのものです。

サンレーグループの佐久間進会長は、著書『人間尊重の「かたち」』（ＰＨＰ研究所）において、「人間尊重とは、人と人とがお互いに仲良くし、力を合わせることです。互いに助け譲り合う『互譲互助』『和』の精神は、神道の根幹を成すものであり、自然と人間の調和こそが日本人の精神形成の基になっています」と書いています。

二〇二二年八月に逝去された故稲盛和夫氏は、わたしの最も尊敬する経営者でしたが、「利他」を経営理念とされていました。稲盛氏は、「『利他』とは、仏教でいう慈悲の心のことであり、またキリスト教でいう愛の心のことであり、言い換えれば『世のため人のために尽くす』ことですが、私はそのような行為こそが、人間として最高の行為であると考えています」と述べておられます。また、稲盛氏は「人類が備えるべき思想の軸とは何か。大切なのは『思いやりの心』を持つこと。これは仏教でいえば『慈悲』、キリスト教でいえば『愛』。この最も大切な心を人類は見失いつつある。何としても、そのような『思いやりの心』をもう一度、蘇らせる必要がある。そうすれば、われわれが抱えている問題の多くは、おのずから解決へと向かうはずだ」とも述べられました。

## 儒教における「仁」の心

稲盛和夫氏とわたしは、二〇一二年に第二回「孔子文化賞」を同時受賞いたしました。孔子と論語の精神を普及した者に与えられる賞ですが、まことに光栄なことでした。

孔子が開いた儒教におけるコンパッションは「仁」で表されます。

よく知られているように、「仁」は儒教における最高の徳目です。

孔子や孟子は、為政者にとって最も必要なものは仁であると繰り返し強調しました。孔子は『論語』の中でさまざまな仁を唱えましたが、現在における仁の一般的な解釈は、次のようなものです。

まず、『論語』に「樊遅《はんち》、仁を問う。子曰く、人を愛す」とあるように、「仁とは何か」という弟子の質問に対して、孔子は「人を愛することだ」と答えています。

また、「生涯それだけを実行すればよい一言があるだろうか」と弟子が尋ねたとき、孔

仁徳
＝
自己犠牲
規範の順守

仁愛
＝
愛
思いやり

子は「其《そ》れ恕《じょ》か。己の欲せざる所は人に施すこと勿《なか》れ」と答えました。「恕」とは、まさに「思いやり」のことです。

あるいは、孔子の弟子・曾参《そうしん》が「夫子の道は忠恕のみ」と述べた「忠恕」もこれと同じです。忠恕とは渋沢栄一が好んで使った言葉の一つです。

恕や忠恕は、仁に通じるのです。このように、孔子が唱えた仁の重要な側面として、愛とか思いやり、あるいは真心からの思いやりと表現できるものがあり、これは愛の仁＝仁愛などと呼ばれています。

一方、勇気を持つことや一身を犠牲にしてでも物事が成就することを求める仁もあります。自己を規制して規範を守る仁です。これは徳の仁＝仁徳などと呼ばれています。

つまり、孔子の唱えた仁の思想とは、主に「仁愛」と「仁徳」であったのです。

## 「仁術」と「仁政」の本当の意味

儒教とは「仁の道」「仁の教」であると言うこともできます。

仁は天地の・自然の生成化育の人間に現われた徳のことです。しかし、仁という言葉を誤解している人は多いのです。かつて医師会の某会長が「世の中が変わって、医は仁術なкакという時代ではない」と語りましたが、陽明学者の安岡正篤などは「全くその意味が解っていない」と嘆きました。「医は仁術」とは、患者を憐れんで無料で診療してやるということではなく、患者の命を救う術ということです。

いくら無料診療をしてやっても、患者を殺してしまったのでは何にもなりません。これでは「不仁」と言われても仕方ないのです。

また、「仁政」という言葉があります。仁政とは、人を生かす政＝まつりごとです。景気を良くしたり、所得を多くしたり、あるいは公共の施設を充実させたり、国民が限りなく生成発展し、進歩向上してゆくように導く政治、これを仁政と呼ぶのです。

江戸時代中期の傑僧として知られる白隠禅師は、甲州の武田家を絶賛していました。白隠禅師によると、甲州が強固になったのは「武力」ではなく「仁政」にありました。

「仁」という字は人偏と二から成っています。これは、人は一人だけでは生きてゆけず、もう一人の他人があってはじめて人の世界は成り立つという意味です。例えば、親子、兄弟、師弟、友人同士など、すべては人と人との相互依存関係です。

同様に、企業にも経営者と従業員の関係があります。また、取引先や株主といったステークホルダーとの関係があります。国も同じで、一国だけでなく、他の国があってはじめて世界が成り立つのです。何事も一つだけでは成り立たず、二つあってはじめて成り立つのです。その二つがうまく調和し、共栄共存したときに生まれるものこそ「仁」です。よって仁政とは、為政者と民の関係が良好であることです。

自らの国司という立場と武将、足軽、民との関係をきっちり作り上げていった武田信玄の根底には、仁がありました。信玄は、仁という言葉をいつも口にしていたといいます。

# キリスト教における「隣人愛」

キリスト教では、コンパッションは「愛」、それも「隣人愛」です。もともとコンパッションの「パッション」はイエスの受難を意味します。その苦しみを共有することが「コンパッション」です。イエスが語る「汝の敵を愛せ」とは「隣人愛」のことです。

隣人愛は、他の人々を助ける行為を指します。ここでの「愛」は、共にいる人々の幸せに向けた、あらゆる自主的で非利己的な気持ち・意志からの行動が含まれ、同情を示すことに限りません。「隣人」とは、ある差し迫った事態に遭っている各人です。この言葉は、ユダヤ教のトーラー（モーセ五書）にある戒律の「レビ記」に由来しています。「あなたは人々という子らに仕返しをし、恨みを懐いてはならない。あなたの隣人を自分自身のように愛しなさい。わたしは主である」というものです。

またナザレのイエスによるトーラー解釈を通じて、隣人愛はキリスト教の中心概念となり、古代の倫理において「正義」と並ぶ基本的価値となりました。

隣人愛は今日、社会的地位や利得を顧みず他者に無私で関わること（利他主義）と、ほぼ同じであるとされます。これは「共苦に伴うもの」ではなく、「他人に価値があると思い、それに努めること、親切心によって決まる他者との関係」のことです。

隣人愛に当てはまる社会的な決まりや規範は、「慈悲」や「仁」のように、たいていの宗教や哲学において、倫理的な基本動機いわゆる黄金律として定められており、また人の行動としてあちこちに見られるものです。

自然災害などが発生すると、世界中の人々は隣人愛を発揮します。ボランティアをしたり、被災者が必要な物資などを届けます。なぜ、自分の家族や知り合いでもないのに、そんなことをするのでしょうか。その答えは簡単です。人類の本能だからです。「隣人愛」は「相互扶助」につながります。「助け合い」ということです。わが社は冠婚葬祭互助会ですが、互助会の「互助」とは「相互扶助」の略です。よく、「人」という字は互いが支え合っていると言われます。互いが支え合い、助け合うことは、じつは人類の本能なのです。

## 神道における「あはれ」

ここまで仏教や儒教やキリスト教における「コンパッション」の思想を紹介してきましたが、日本人の民族宗教は神道です。ほとんどの日本人には、神道の精神が流れているのではないでしょうか。後天的に学んだものというよりも、先天的に持っていると思います。

神道といえば、わたしは神道研究の第一人者である宗教哲学者の鎌田東二先生と「神道と日本人」をテーマに対談しました。そこで、わたしが「神道におけるコンパッション思想といえるものは何でしょうか」と質問したところ、鎌田先生は「あはれ」と答えられました。鎌田先生は、まず「神懸《がか》り」について話されました。

「俳優」という漢字は「ワザヲギ」と訓読みしますが、それは「神霊を招き寄せる（ヲグ）・技術ないし作法（ワザ）」という意味です。あの世とこの世をつなぎ、次元を超えて神秘不可思議の霊力を取り入れ、四次元的な立体交差点を作り出すことが、超越的な交通の技術としての「俳優＝ワザヲギ」なのです。

『古語拾遺』という斎部氏の伝承を書いた本には、この「神懸り」の際に、神々が大いに喜び踊り、口々に「あはれ、あなおもしろ、あなたのし、あなさやけ、おけ」と囃したと記されています。そこで、「あはれ」とは「天晴れ《あっぱれ》」、天が晴れて光が差し込み、世界が明るくなることだと書かれています。

これは「鎮魂」や「神楽」の起源を語る神話とされていますが、それは、太陽の死と復活と、笑いによる生命力の更新を象徴しています。神懸りと笑いによる「招福攘災」、すなわち「岩戸開き」の業こそが「俳優」であり、彼が岩戸を開くことによってこの世に太陽光を戻し、「天晴れ《あっぱれ》」を実現します。そこから、「あはれ」が派生していくのでした。

鎌田先生は、この「あっぱれ」こそが日本的ウェルビーイングであり、「あはれ」が日本的コンパッションであると指摘し、その二つは神道的視点では同源だと喝破されました。ウェルビーイングとは「あっぱれ」で、コンパッションとは「あはれ」である。そして、そのどちらも太陽光（SUNRAY）と深く関わっているのです。

## 二宮尊徳① 江戸時代の「コンパッション都市」づくり

江戸時代に「コンパッション村」「コンパッション藩」「コンパッション共同体」と、そこにおける「ウェルビーイング」の実現を図ろうと社会実践をしていたのが、二宮尊徳（金次郎）だという説があると、鎌田東二先生は唱えておられます。

二宮尊徳こそ、江戸時代における「コンパッション都市」づくりの先駆者だというのです。彼の思想は、すべての事象は根本的に陰陽の関係にあり、それが「相生」するか、「相克」するかの違いに帰着します。「コンパッション」は重要な思想ですが、もしそこに、押しつけがましさとか強制とか共感支配とかがあると、それはもはや「相生」ではなく「相克」になる可能性があり、その場合、「共感都市」が、「相克的叫喚・受苦受難都市（共同体）」になる可能性もあるというのが鎌田先生の考えです。ここのあたりをよく考え、常に現実がそのような陰陽のダイナミズムに引っ張られることを注意していく必要があります。

## 二宮尊徳② 炭治郎と金次郎

拙著『「鬼滅の刃」に学ぶ』（現代書林）はおかげさまで多くの読者を得ましたが、その中でも「鬼滅の刃」が日本人の「こころ」の奥底に触れたために社会現象にまで発展する大ブームになったという部分に共感してくれた方が多かったようです。

そして、わたしは「鬼滅の刃」の主人公である竈門炭治郎には日本人の「こころ」を支える三本柱である神道・儒教・仏教の精神が宿っており、二宮金次郎のイメージに重なると書いたのですが、大きな反響がありました。妹の禰豆子を背負う炭治郎の姿は薪を背負って読書する金次郎の姿を連想させますが、外見的に似ているだけではなく、金次郎もまた神道・儒教・仏教の精神を宿した人でした。

二宮金次郎は、戦前の国定教科書に勤勉・倹約・孝行・奉仕の模範として載せられ、全国の国民学校の校庭には薪を背負い本を読む銅像が作られました。

## 二宮尊徳③　代表的日本人が師と仰ぐ

金次郎は長じて、尊徳と名乗りました。幕末期に、農民の出身でありながら、荒れ果てた農村や諸藩の再建に見事に成功させた人物として知られます。

内村鑑三が名著『代表的日本人』の中で、西郷隆盛、上杉鷹山、中江藤樹、日蓮と並んで二宮尊徳を取り上げていますが、慶應義塾を創始した啓蒙主義者の福澤諭吉、日本民俗学の父である柳田國男、二度もノーベル賞候補になったキリスト教社会運動家の賀川豊彦などの明治以降、近代日本を創り上げていった人々が尊徳を「師」と仰ぎました。

渋沢栄一をはじめ、松下幸之助、土光敏夫といった偉大な成功者たちも、みな尊徳を信奉していました。さらには、戦後進駐してきたGHQの高官も尊徳を「真の自由主義者」と激賞しています。彼は人々の心を燃え立たせる徳の人であると同時に、世界に先駆けてマイクロクレジットの仕組みを生み出した創意工夫の人でもありました。

## 二宮尊徳④ 世界に誇りうる大思想家

『教養として知っておきたい二宮尊徳』（ＰＨＰ新書）を書いた松沢成文氏は、尊徳が唱えた「報徳の道」について以下のように述べています。

「天地万物にはそれぞれ固有の徳が備わっていることを認識していた尊徳は、人間社会は天地万物の徳が相和することによって成り立ち、自己が生存できるのもそのおかげであると考えた。そのことに感謝の念を持ち、自己の徳を発揮するとともに、他者の徳も見出し、それを引き出すように努め、万人の幸福と社会・国家の繁栄に貢献すること、これが尊徳の考える『報徳の道』である」

尊徳は、「勤倹・分度・推譲」の思想を唱え、六〇〇以上の大名旗本の財政再建および農村の復興事業に携わりました。彼は同時代のヘーゲルにも比較しうる弁証法を駆使した哲学者であり、ドラッカーの先達的な経営学者でもありました。

# 二宮尊徳⑤　時代の先を行く「未来人」

尊徳は自らの実践を通じて「至誠」「勤労」「分度」「推譲」「積小為大」「一円融合」などの改革理念や思想哲学を生み出し、人々を導いてきました。これらの教えは、日本人の社会規範や道徳としての精神的価値の基盤になっています。

尊徳ほど、独創的な考え方や創造的な生き方を通じて社会を変革した人はいないと言っても過言ではなく、松沢氏は「尊徳の生きざまや思想を学ぶことは、混迷を続ける世相の中、わたしたちが日常の家庭や職場、地域社会で生きていく上で、あるいは日本や国際社会にとっても、有益な指針を得ることになるはずである」と述べています。

尊徳がやったことは、経営学の祖・シュンペータやドラッカーのいうところの個々の事例に即した問題発見と問題解決の手法です。江戸時代の後期にすでに、現代経営学が編み出した手法を実践していたのですから、時代の先を行っている「未来人」だったのです。

## 二宮尊徳⑥　心学から天道へ

その尊徳は、石田梅岩が開いた「心学」の流れを受け継ぎました。

心学の特徴は、神道・儒教・仏教を等しく「こころ」の教えとしていることです。

日本には土着の先祖崇拝に基づく神道がありました。中国で孔子が開いた儒教、インドでブッダが開いた仏教も日本に入ってきました。しかし心学では、この三つの教えのどれにも偏せず、自分の「心を磨く」ということを重要視したのです。

尊徳の代表作である『二宮翁夜話』には、「神道は開国の道、儒教は治国の道、仏教は治心の道である。わたしはいたずらに高尚を尊重せず、また卑近になることを嫌わずに、この三道の正味だけを取ったのである。正味とは人間界に大事なことを言う。大事なことを取り、大事でないことを捨て、人間界で他にはない最高の教えを立てた。これを『報徳教』という。遊び心から『神儒仏正味一粒丸』という名前をつけてみた。その効用は広大

二宮尊徳の思想を受け継いだサンレーの「天道館」

で数えきることができないほどである」とあります。

尊徳は、常に「人道」のみならず「天道」を意識し、大いなる「太陽の徳」を説きました。それは大慈大悲の万物を慈しむ心であり、尊徳の「無利息貸付の法」も、この徳の実践でした。その尊徳の心の中心にあった「天道」の名を冠した研修施設が、北九州市小倉の上富野にある「天道館」です。

現在、天道館では、ご近所の皆様が気軽に集える「公民館」や「市民センター」のような施設として、ご利用いただいています。医師を招いての「健康セミナー」なども開催しています。わが社のウェルビーイング施設&コンパッション施設だと言えると思います。

## グリーフケアの必要性

『古事記』で有名な「天の岩戸開き」は、グリーフケアの神話ではないでしょうか。

グリーフケアとは、闇に光を射すことです。洞窟に閉じ籠《こも》っている人を明るい世界へ戻すことです。『古事記』には、最愛の妻イザナミを喪ったイザナギが嘆き悲しむ場面が描かれます。そこから、悲嘆から回復するグリーフケアの物語が展開されます。「天の岩戸」という洞窟に閉じ籠もっているアマテラスは、神々のグリーフケアによって明るい世界へ戻されます。そして、それが「むすび」につながります。

わが社の社名サンレーには「SUNRAY（太陽の光）」と「産霊《むすび》」がともにありますが、その二つがグリーフケアを介することによって直結します。ですから、わが社がグリーフケアに取り組むことは必然であり、使命であると思っています。

グリーフとは、「深い悲しみ」のことです。欧米の葬儀社では、葬儀を執り行なうだけでなく、精神的にご遺族に寄り添う「グリーフケア」が業務の中心となっています。

現在の日本は超高齢社会であり、多くの人々が死を身近に感じています。

一方で近年、ご自宅で亡くなる方よりも病院で亡くなる方のほうが多くなっており、近親者の死と向き合う機会が減っています。信仰から遠のく人が増え、地域社会が希薄化する中で「深い悲しみ」を抱いた人を支援する機会も減っており、わが社がサポート役になりたいと考えています。

いま、グリーフケアの必要性を強く感じるのはどんな時でしょうか。

これまでの社会の中ではさまざまな縁がありました。血縁や地縁が代表的ですが、社会の中で生活する上ではそれ以外にもたくさんの「つながり」がありました。

また、地域社会には人が集まる場所として寺院などがありました。人と人との繋がりや交流の中でグリーフケアが行なわれ、死別という事象については葬儀という儀式を行なうことによるケアもあったと考えています。

しかしながら、現代では「無縁社会」という言葉が生まれてしまうような状況となってきています。そして葬儀を行なわないという選択肢を選ぶ方も増えてきているように感じます。そのため、これまでの日本社会の中にあったケアの仕組みが効果を発揮することが出来にくいような現状となっています。

わが社は冠婚葬祭互助会ですが、互助会業界の利点として日本全国にセレモニーホールをはじめとして多くの施設があり、そこでグリーフケアを行なうことが出来ます。地域社会においてグリーフケアの拠点となることが出来るということです。

現在よりグリーフケアがより認知され、住んでいる近くにグリーフを抱える方へのサポート、ケアができる場所があり、実際にグリーフケアが行なえるスタッフと仕組みを構築したいと考えています。またそこで集うことによって、縁の再生のお手伝いが出来るようになればと考えています。縁こそは人と人を結びつける社会的インフラです。

愛する人を亡くした人同士の間にも「悲縁」という縁があります。悲縁をはじめとして、無縁社会を乗り越え、有縁社会を再生するためのさまざまな縁については本書の双子本である『ウェルビーイング?』で詳しく紹介しました。

## ハート化社会を目指して

「アップデート」といえば、わたしなりの歴史観や社会観について述べたいと思います。わたしは、一九八八年に上梓した処女作『ハートフルに遊ぶ』（東急エージェンシー）以来、多くの著書で「ハート化社会」という言葉を使ってきました。

人類はこれまで、農業化、工業化、情報化という三度の大きな変革を経験してきました。それらの変革は、それぞれ農業革命、産業革命、情報革命と呼ばれます。第三の情報革命とは、情報処理と情報通信の分野での科学技術の飛躍が引き金となった工業社会から情報社会への社会構造の革命で、そのスピードはインターネットの登場によって加速する一方です。そして、「情報化」からは「ソフト化」という社会のトレンドを表す新しいキーワードも生まれました。しかし、わたしは『ハートフルに遊ぶ』において、時代はすでに「ソフト化」から「ハート化」へと移行しているのではないかと述べました。

ハート化社会とは、人間の心というものが最大の価値を持ち、人々が私的幸福である「ハートフル」になろうとし、公的幸福である「ハートピア」の創造を目指す社会のことです。

わたしたちの直接の祖先をクロマニョン人などの後期石器時代の狩猟や採集中心の生活をしていた人類とすれば、狩猟採集社会は数万年という単位で農業社会に移行したことになります。そして、農業社会は数千年という単位で工業社会に転換し、さらに工業社会は数百年という単位で二〇世紀の中頃に情報社会へ転進したわけです。

それぞれの社会革命ごとに持続する期間が一桁ずつ短縮しているわけで、すでに数十年を経過した情報社会が第四の社会革命を迎えようとしていると想定することは自然であると言えるでしょう。現代社会はまさに、情報社会がさらに高度な心の社会に変化しつつある「ハート化社会」なのではないでしょうか。

そして、ハート化社会の行き着く先には「心の社会」があり、さらにその先には「心ゆたかな社会」としてのハートフル・ソサエティがあります。

# 本当の情報とは何か？

もう何十年も前から「情報化社会」が叫ばれてきましたが、疑いもなく、現代は高度情報社会そのものです。経営学者ピーター・ドラッカー（一九〇九年～二〇〇五年）は、早くから社会の「情報化」を唱え、後のＩＴ革命を予言していました。

ＩＴとは、インフォメーション・テクノロジーの略です。

ＩＴで重要なのは、もちろんＩ（情報）であって、Ｔ（技術）ではありません。その情報にしても、技術、つまりコンピュータから出てくるものは、過去のものにすぎません。ドラッカーは、ＩＴ革命の本当の主役はまだ現われていないと言いました。

では、本当の主役、本当の情報とは何でしょうか。

日本語で「情報」とは、「情」を「報《しら》」せるということ。「情」は現在では「なさけ」と読むのが一般的ですが、『万葉集』などでは「こころ」と読まれています。わが国の古代人たちは、こころという平仮名に「心」ではなく「情」という漢字を当てたのです。求愛の歌、死者を悼む歌などで、自らのこころを報せたもの、それが『万葉集』だったのです。すなわち、情報の情とは、心の働きにほかなりません。本来の意味の情報とは、心の働きを相手に報せることなのです。

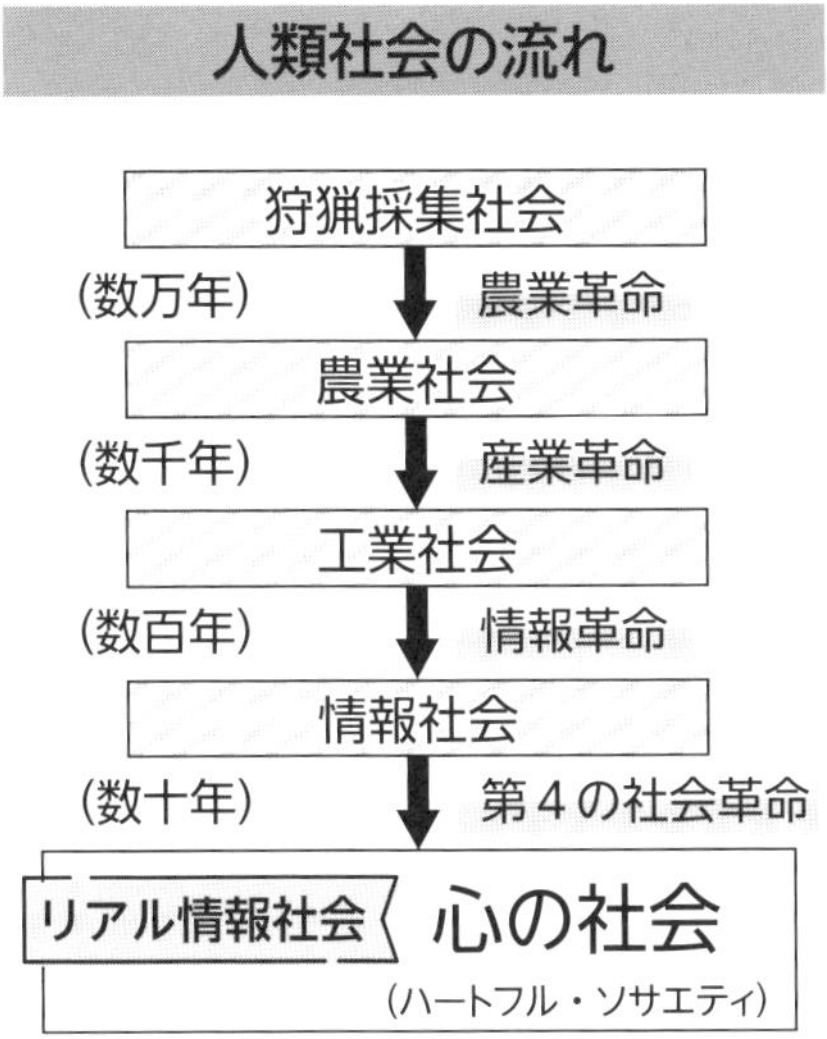


では、心の働きとは何か。それは、「思いやり」「感謝」「感動」「癒し」といったものです。そして、真の情報産業とは、けっしてIT産業のことではなく、ポジティブな心の働きをお客様に伝える産業、つまりは冠婚葬祭業に代表されるホスピタリティ・サービス業のことなのです。ドラッカーが逝去した二〇〇五年に上梓した『ハートフル・ソサエティ』（三五館）で述

**情報とはなにか？**

**I**nformation（内容＝ソフト）

**T**echnology（技術＝ハード）

**情**（こころ）＝心の動き→思いやり・感謝・感動・癒し

**報**（しらせ）＝コミュニケーション手段

べたように、わたしは、次なる社会は人間の心が最大の価値をもつ「ハートフル・ソサエティ」だと思います。

ハートフル・ソサエティは「ポスト情報社会」などではなく、新しい、かつ本当の意味での「リアル情報社会」です。そこでは、特に「思いやり」が最重要情報となります。仏教の「慈悲」、儒教の「仁」、キリスト教の「隣人愛」をはじめ、すべての人類を幸福にするための思想における最大公約数とは、「思いやり」という一語に集約されます。そして、それは「コンパッション」という名でアップデートされるのです。「心ゆたかな社会」としてのハートフル・ソサエティとは「コンパッション社会」の別名なのです。

## サービスからケアへ

ハート化社会の仮説でいけば、高度情報社会の後は「心の社会」に移行します。「心の社会」とは「心ゆたかな社会」としてのハートフル・ソサエティです。

人類は新型コロナウイルスによるパンデミックという想定外の事態に直面しましたが、コロナ禍の最中だった二〇二〇年に上梓した拙著『心ゆたかな社会』（現代書林）の帯には「コロナからココロへ」と書かれています。わたしは、コロナ禍によってハートフル・ソサエティの到来は早まったと考えています。そして、そこでは「サービス」から「ケア」への大規模な転換が行なわれると予想されます。

グリーフへの対処に対して、「グリーフサービス」とは言いません。縦の関係（上下関係）であるサービスと横の関係（対等な関係）であるケアの本質との違いがここにあります。学生のアルバイトに代表されるようにサービス業はカネのためにできますが、医療や介護に代表されるようにケア業はカネのためにはできません。

特に、無縁社会に加えてコロナ禍の中にあった日本において、あらゆる人々の間に悲嘆が広まりつつあり、それに対応するグリーフケアの普及は喫緊の課題です。さらには、ケアすることは、自分の種々の欲求を満たすために、他人を単に利用するのとは正反対のことであり、相手が成長し、自己実現することを助けることではないでしょうか。

### 「ケア」の時代 ～「サービス」から「ケア」へ

## 「ケア」

1、注意。用心。
2、心づかい。配慮。「アフターケア」
3、世話すること。また、介護や看護。「患者をケアする」「ケアワーカー」

（『大辞泉』　小学館より）

↓

「良い状態を維持するか、より良くしようとすること」
「気づかい、心を込めて世話をする」

## 「サービス」の本質

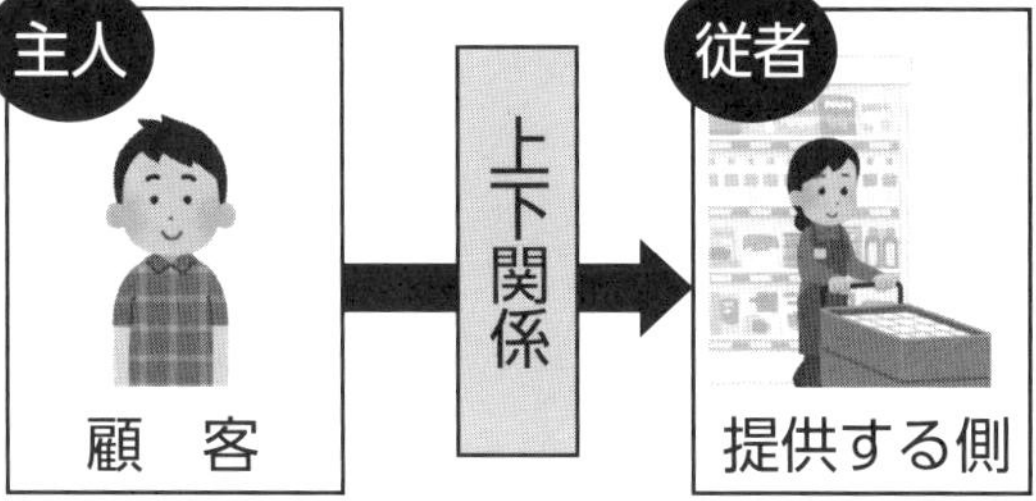


「サービス」service の語源は、ラテン語の servus（奴隷）→英語の slave（奴隷）、servant（召し使い）、servitude（苦役）などに発展

**サービスにおいては、顧客が主人であって、サービスの提供者は従者**

## 「ケア」の本質

「ケア」careの語源は、ギリシャ語のカーラー「苦しみをともにする」という意味

**ケアにおいては、両者の立場は常に平等であり、ともに相互信頼、共存共栄、あるいは共生のなかに存在している**

## 「感謝」と書かれた色紙

冠婚葬祭業を営むわが社では、児童養護施設のお子さんへ七五三や成人式の晴れ着・着付け・写真撮影などを無償でお世話させていただいています。七五三や成人式を祝うことは「あなたが生まれたことは正しい」「あなたの成長をみんなが祝っている」というメッセージを伝えることであり、コンパッション的行為であると考えます。

あるとき、某児童養護施設のお子さんたちの衣裳を提供した松柏園ホテルに施設の先生と成人式を迎えた女性本人が来館されました。そのお嬢さんは「とても嬉しかった」と、涙ながらに感謝の言葉を述べて下さいました。その際、七五三を迎えたお子さんたちのメッセージも添えた色紙をプレゼントしていただきました。色紙の中央に貼紙で「感謝」とカラフルにデザインされていました。こんな素敵な贈り物が他にあるでしょうか！

七五三の写真について、小一女子の「おとなになるまで大せつにします」とのメッセージが書かれていました。その他のお子さんや先生方からのメッセージも読んで、わたしは非常に感動し、「本当に良かった！」と思いました。松柏園ホテルのスタッフ一同も、目頭が熱くなったそうです。わたしは、「冠婚葬祭という本業を通じて世の中を少しでも良くすることができた！」という自信と誇りが湧いてきました。これは社長であるわたしだけでなく、社員のみなさんも同じだと思います。

晴れ着を着て記念撮影に臨む子どもら

**施設の児童ら 晴れ着姿撮影**

北九州

経済的理由で七五三などの行事に参加できない子どもたちに、一生に一度の機会を記念に残してもらおうと、冠婚葬祭業のサンレー（本社・北九州市）が5日、園児らに晴れ着を着てもらい、記念写真を撮影するサービスを行った。

同社が昨年から始めた取り組みで、今年は年内に北九州市内7か所の児童養護施設から計20人が参加を予定している。この日は、児童養護施設「双葉学園」から4～7歳の園児や児童5人が同市小倉北区の松柏園ホテルで撮影に臨んだ。

着付けなどは無償で行われ、子どもたちは晴れ着を身にまとい、笑顔で写真に納まっていた。

同施設ケアワーカー室の籾井真由美担当係長(45)は「今日の撮影が決まった時から、子どもたちはわくわくしてカウントダウンするなどしていた。記念に残ってありがたいし、子どもの成長にも感動できた」と話していた。

「読売新聞」(朝刊) 2022年12月6日より

七五三のお祝いのお礼を伝える「感謝」の色紙

# こころの贈り物

コロナ禍で冠婚葬祭業はかつてない困難の中にありました。現場で働く社員のみなさんも、いろいろと不安を抱えていたことと思います。でも、この色紙を見て、いろんなネガティブな感情が消えたのではないでしょうか。「人を幸せにすることができる儀式は素晴らしい！」「冠婚葬祭の灯を絶対に消してはならない！」という想いが湧いたように思います。

わたしたちは、けっして一方的に児童養護施設のお子さんたちに贈り物をしたのではありません。わたしたちも素晴らしい「こころの贈り物」をいただきました。そして、お互いが「こころの贈り物」を贈り合う行為を「ケア」というのです。

相手を支えることで、自分も相手から支えられることを「ケア」というのです。「ありがとう」と言ってくれた相手に対して、こちらも「ありがとう」と言うことが「ケア」なのです。そう、「サービス」は一方向ですが、「ケア」は双方向です。

# 体も心もぽかぽかに

## 福智町　温泉で子ども食堂

温泉に入った後、カレーライスを楽しむ子どもたち

二十四節気の「大雪」の7日、福智町神崎の温浴施設「ふるさと交流館　日王の湯」で、天然温泉に漬かった後に食事を楽しむ「子ども食堂」が開かれた。指定管理者の冠婚葬祭会社サンレー（北九州市小倉北区）が初めて企画。子どもたちは体も心もぽかぽかになった。

学校を通じて無料で招待された町内の子どもたちと付き添いの保護者計約40人が夕方、日王の湯に集まった。子どもたちは大浴場や露天風呂を楽しんだ後、施設内のレストランで特製のカレーライスを食べた。久冨悠里さん(8)と千里さん(5)の兄弟は「広いお風呂は楽しかった。カレーもおいしい」と顔をほころばせた。

日王の湯は、同社が指定管理者となり9月にリニューアルオープンした。湯を通じて人々が縁をつなぐ「湯縁社会」の追求を掲げており、その一環として子ども食堂を開いた。原則毎月第2火曜に実施予定で、次回は来年1月11日に行う見込み。（坂本公司）

「西日本新聞」（朝刊）2021年12月8日より

児童養護施設に入所していなくても、入浴や食事がままならないお子さんがいます。

そんな現状を見て見ぬふりはできません。わが社では、「日王の湯」という福岡県最大級の温浴施設を運営していますが、ここで、子どもたちに温泉に入ってもらった後、食堂でカレーライスをお腹いっぱい食べてもらうイベントを定期開催しています。将来的には「子ども温泉」「子ども食堂」として常設化する計画ですが、わたしは、これこそ新しい互助会の在り方だと思います。

## 二つの世界をつなぐもの

二項対立という言葉があります。二つの概念が対立関係にあるというものです。たとえば男と女。対立関係にあるかもしれませんが、どちらが欠けても世の中は成り立ちません。対立しているのではなく、陰陽としてこの世界を形作っているのです。

男の世界と女の世界は別世界であるとも言えますが、両世界をつなぐ存在というものがあります。

たとえば、男女でこの世は成り立っていることを「見える化」するものとして銭湯や温泉での男湯、女湯があります。男湯と女湯はまさに相互に立ち入ることのできない別世界ですが、両者をつなぎ、両者を俯瞰するものとして「番台」の存在があります。

会計システムでいえば、ＢＳ（貸借対照表）とＰＬ（損益計算書）も別次元の指標ですが、両者をつなぐものとして「利益」があります。

## 二つの世界をつなぐもの

同様に、ウェルビーイングとコンパッションのブリッジワード、両者を繋ぐものは「ケア」であると気づきました。これは利己と利他にも通じます。この間にあるのは、サービスではなくケアではないでしょうか。

自分の利益ではなく、相手のことを考える。それは対価を求めてのサービスではありません。ケアという思いやりが、利益や売上げを生むのです。ケア業への進化は、サービス業を救う道でもあるのです。

# 「ケア」と「相互扶助」

ポスト・コロナ社会を予見するために、わたしは多くの書物を読みました。「ＳＤＧｓ」「ウェルビーイング」「利他」「尊厳」、そして、それらすべてを貫く「ケア」というキーワードが浮かび上がってきました。

『ケアとは何か――看護・福祉で大事なこと』村上靖彦著（中公新書）という本も読みました。同書によれば、人間なら誰でも病やケガ、衰弱や死は避けて通れません。自分や親しい人が苦境に立たされたとき、わたしたちは「独りでは生きていけない」ことを痛感します。そうした人間の弱さを前提とした上で、生を肯定し、支える営みがケアなのです。

英語の熟語「take care of」は、「……を世話する」「大事にする」という意味です。ここから、「世話」「配慮」「関心」「気遣い」などの意味が出てきます。「ケア」という日本語がよく使われるようになったのは最近のことです。

もともと、「ケア」は、「health care（医療）」「nursing care（看護）」といった、もっと限定された、専門的な術語として使われてきました。

しかし今では、ケアは「幸福」「倫理」「愛」「善」などの概念と密接に関わる言葉となっています。どうやら、人間存在の根源的なものが、「ケア」に通じていると言えそうです。

わたしは、「ケア」とは「相互扶助」という言葉と深く関わっていると考えます。人間は誰もが一人では生きていません。必ず他人の存在を必要とします。それはそのまま「相互扶助」が不可欠であるということであり、誰もがケアを必要としているということです。

真の奉仕とは、サービスではなく、ケアの中から生まれてくるものだと言えます。

ここでいう奉仕とは、自分自身を大切にし、その上で他人のことも大切にしてあげたくなるといったものです。自分が愛や幸福感にあふれていたら、自然にそれを他人にも注ぎかけたくなります。「情けは人の為ならず」と日本でも言いますが、他人のためになることが自分のためにもなっているというのは、世界最大の公然の秘密の一つなのです。

アメリカの思想家ラルフ・ワルド・エマーソンは、「心から他人を助けようとすれば、自分自身を助けることにもなっているというのは、この人生における見事な補償作用である」と述べました。

与えるのが嬉しくて他人を助ける人にとって、その真の報酬とは喜びにほかなりません。他人に何かを与えて、自分が損をしたような気がする人は、まず自分自身に愛を与えていない人でしょう。真の奉仕とは、助ける人、助けられる人が一つになると言います。どちらも対等です。相手に助けさせてあげることで、自分も助けています。相手を助けることで、自分自身を助けることになっています。相手に助けさせてあげることで自分を助け、相手を助けることで自分自身を助けるというのは、まさに与えること、受けることの最も理想的な円環構造と言えるでしょう。

その輪の中で、どちらが与え、どちらが受け取っているのかわからなくなります。それはもう、一つの流れなのです。コロナ禍が契機となって、サービス業の時代は終わりつつあります。これからは、ケア業の時代です。わが社はケア業への進化をめざし、「ケアの時代」の幕を開きたいと思います。そして、そのコンセプトこそ「コンパッション」です。

# 死生観のアップデート

グリーフケアが目指すところには、死別の悲嘆の軽減だけでなく、各自が死の不安を乗り越えることがあります。そのためには、「死生観」の確立が求められます。

わたしは、つねづね「死生観は究極の教養である」と発言しています。

「人生の最期をどう迎えたいか」と考えることは、多死社会において最重要問題です。

終活（終末活動）がブームになりました。あえてわたしはブームと呼ばせていただきます。いかに最期を迎えるかは、流行り廃りで語られるようなものでもありませんし、エンディングノートのように実利的なことでもないと考えています。

わたしは「終活」ではなく、「修活」と表現しています。読み方は同じですが、込めた内容というか思想は違います。「終末活動」ではなく「修生活動」です。「人生の修め方」です。いかに自分の人生、生きてきたことに意味を与え、修めるかということです。

武士の時代や戦中と、今の時代の死生観が変わって当然です。

あえて、わたしは「アップデート」と表現したいと思います。流行ではなく、自分の中にしっかりした死生観をもつことで、「老い」は豊かになります。多死社会を迎えたいま、コンパッションというコンセプトが、アップデートの一助になればいいと思います。

# 第3章

# コンパッションの実践

## 「互助共生社会」の実現を目指して

「コンパッション」は思いやり、あはれ、慈悲、仁、隣人愛といった意味が込められた言葉です。それは、わが社が実現をめざす「互助共生社会」の根幹をなす思想でもあります。

わが社の本社は北九州市にあります。二〇二三年、北九州市が誕生六〇周年を迎えます。旧五市が合併に最終合意し、その調印式会場に選ばれたのが、わが社の松柏園ホテルでした。わたし自身も六〇年前に松柏園ホテル内で生まれています。

北九州市は、全国の政令指定都市の中で最も高齢化が進んでいます。

日本が世界一の高齢化率であることを考えると、北九州市は世界一高齢化が進んだ街と言えるでしょう。世界一の高齢者都市である北九州市は、石炭・製鉄に次ぐ地域活性化のためのインフラとして、「老いの豊かさ」を提供すべきだと考えます。そして、多様な事情を抱える人々が集まり、喜びや楽しさはもちろん、老い、病、死、喪失経験などの悲し

み も共有し、お互いに支え合う「コンパッション都市」への転換が求められます。

人口が一〇〇万人を切ったことから、北九州市の衰退が叫ばれています。しかし、わたしはつねづね、「高齢者が多いことは北九州の強み。それを悪いことと思い込んできたことが意気消沈してきた原因」と語っています。

配偶者の死が自死の要因となるケースも多いため、わが社は、近くで接する遺族の立直りを支援するグリーフケアを推進してきました。また、NPO法人を設け、地域の独居高齢者らが集う「隣人祭り」を開き、孤独死防止を図ってきました。すべては、コンパッションに基づいた企業活動です。

わが社では、血縁や地縁の希薄化がみられる中、趣味などの新たな縁作りの手伝いにと、囲碁や俳句大会も開催しています。さらには、高齢者に生きがいを提供する「ともいき倶楽部」「笑いの会」なども開催しています。

こうした取り組みはコンパッションの都市作りに通じます。全国で独居高齢者が増えていますが、わたしは、北九州市を高齢者特区にして、高齢者向けのショッピングセンターや娯楽施設、医療も受けやすくすることを提唱しています。

孤独死しないような隣人都市を作り、全国から独居高齢者が北九州に集まってくれば人口も増えるでしょう。

さらに、困窮者やシングルマザー支援も充実させ、「困ったら北九州に行ってみよう」という街にする。そうすれば、北九州市は世界一のコンパッション都市となるでしょう。それは、そのまま互助共生社会の実現でもあります。

世界的に有名なイギリスの動物学者マッド・リドレーは、「他人を思いやるのは人間の本能である」と述べています。ならば、その本能である「思いやり」「利他」「互助」の精神に基づく経営を行なうコンパッション企業は最強です。

これからも、わが社はコンパッション企業として、世のため人のために行動したいと思います。そうすれば、わが社は必ず発展し続けると信じています。

## 「希望のまちプロジェクト」

わたしには、北九州市をコンパッション都市にする心強い同志がいます。認定NPO法人抱樸《ほうぼく》の奥田知志《ともし》理事長です。NHK「プロフェッショナル　仕事の達人」に二度も登場された方です。

理事長を務められる抱樸は、北九州市を拠点にホームレスなどの生活困窮者の支援を続けてこられましたが、その活動が新たな段階に入りました。

日本全国に名が知られている特定危険指定暴力団の本部事務所跡地（北九州市小倉北区）を購入して、ここに誰もが利用できる全世代型の福祉拠点を作る計画を進めているのです。その計画は、名付けて「希望のまちプロジェクト」。個々の出会いを基点に、人と人とのつながりを育んできた奥田理事長がホームレスを生み出す社会そのものの変革を目指し、新しい街づくりに挑んでおられます。

抱樸さんでは、「偲ぶ会」という追悼セレモニーを開かれています。これは、元ホームレスで自立を目指す人やすでに自立した人たちでつくる互助会が主催して年に一度開き、亡くなった人々を悼む会だそうです。身寄りがないか、あっても引き取りを拒否された人々を「互助会葬」で弔い、遺骨は礼拝堂とつながる記念室に納められているとか。素晴らしい「人間尊重」の取り組みであり、心から敬意を表します。

奥田理事長とわたしは同年齢ですが、これまでに数多くの対談やシンポジウムでご一緒させていただきました。そのたびに、「隣人愛の実践者」としての奥田理事長さんに対する尊敬の念が強くなりました。

活動の場は違っても、ともに有縁社会あるいはハートフル・ソサエティの創造を目指している点では同じであり、同志であると思っています。

今後も、社会を良くするプロジェクト実現のために可能な限り協力させていただきたいです。

奥田知志（NPO抱樸/牧師）
@tomoshiokuda

希望のまちが動きはじめました
昨日、長年に渡り抱樸をご支援くださっている株式会社サンレーの佐久間社長こと作家の一条真也さんをお訪ねしました。毎回熱く思いを語られる姿に感動を覚えます。一条さんと一緒に希望のまちを創ります。
#一条真也　#ほうぼく　#希望のまち

shins2m.hatenablog.com
奥田知志さんの来社 - 一条真也の新ハートフル・ブログ
一条真也です。如月晦日、サンレー本社に素晴らしいお客様が来られました。「隣人愛の実践者」こと認定ＮＰＯ法人抱樸の奥田知志理事長と森松長生専務...

午後9:45 · 2022年3月1日 · Twitter Web App

奥田知志氏のツイートより

## 「ごちゃまぜの街」シェア金沢

奥田理事長は東八幡教会の牧師でもあります。つまり抱樸さんのコンパッション活動はキリスト教の「隣人愛」に基づいているのですが、最近、仏教の「慈悲」に基づいた組織のコンパッション活動を知りました。その組織とは社会福祉法人佛子園で、「シェア金沢」という施設を運営していることで有名です。

シェア金沢を知ったのは、父であるサンレーグループの佐久間進会長から教えられて観た「NHKシリーズ　ウェルビーイング　第1回「LIFE SHIFTにっぽん リンダ・グラットンが見た北陸の幸せ」」においてでした。

番組は、世界的ベストセラー『LIFE SHIFT（ライフ・シフト）』の著者であるリンダ・グラットンが日本の北陸を訪れて、総合的な幸福としての「ウェルビーイング」を探求するという内容でしたが、その最大の鍵となる施設がシェア金沢だったのです。

ちょうど金沢に出張する予定があったわたしは、数名の社員とともにシェア金沢を訪れました。その後も、正式に視察を申請し、施設長さんから詳しく案内していただきました。

シェア金沢は、金沢駅前の中心地から南東へ車で三〇分弱、郊外の静かな住宅街の中にあります。総面積は約一一〇〇〇坪の広さです。ここは、「私がつくる街」をコンセプトに高齢者用住宅・障害児施設・学生向け住宅などが「ごちゃまぜ」となっています。高齢者、大学生、病気の人、障害のある人、分け隔てなく誰もが、共に手を携え、家族や仲間、社会に貢献できる街です。かつてあった良き地域コミュニティを再生させる街です。いろんな人とのつながりを大切にしながら、主体性をもって地域社会づくりに参加します。

NHKの番組ではウェルビーイング施設ということでしたが、わたしは「ウェルビーイング施設というよりはコンパッション施設という印象。まさに、コンパッション都市のモデルだな」と感じました。

従来の「縦型福祉」から脱して、障害者だけではなく健常者も、また若者も高齢者も分け隔てなく一緒に暮らせる街を創るという壮大な試みでした。「ごちゃまぜ」の意味は、あらゆる人が分け隔てなくふれ合う環境が備えられているということです。

「私がつくる街」というコンセプトの「私」とは、シェア金沢に関わるすべての人のことを指しており、一人一人がこの街のために自発的に活動する町を目指しています。たとえば、敷地内の草刈り大会を企画したり、ハロウィンイベントやお茶会の開催、また入浴施設（地域の方は無料で入浴可）も併設しており、無料で入浴されている方々が年末の浴槽の大掃除をお手伝いしたりと、自然と個人のつながりが増えていく施設となっています。

この施設を運営する佛子園さんは、もともとは金沢市に隣接する白山市の「行善寺」で戦災孤児の保育施設を作ったのが、このようなコンパッション施設づくりの始まりだったそうです。その後、佛子園さんは「星が岡牧場」などの多くの施設を運営していきますが、その中の障害児入居施設の建替工事の際に現在の敷地が入札に出ていることを知り、新たな土地での船出となったそうです。

## コンパッション都市づくりの具体案

北九州市をコンパッション都市にしていく上で「シェア金沢」から学ぶことは多いですが、アラン・ケレハーの『コンパッション都市』でも、コミュニティづくりの具体的な提案がいくつか紹介されています。

「ポジティブなグリーフアート展覧会」では、コンパッション都市における具体的なアイデアが「学校やコミュニティに働きかけ、グリーフのポジティブな側面の表現を推奨するようなアート展覧会は、グリーフを体験し、理解しようとする際に感情的・社会的・スピリチュアルなバランスをもたらす上で重要だろう。夢や願望または幻視というかたちをとって、亡くなった人とつながりを感じ続けている人は少なくない。喪失を深く知る人の方が他者に対する繊細な思いやりと、社会的共感力（social empathy）を持ち合わせていることが多い。政治運動、社会的アドボカシーと資金調達は、すべて個人のグリーフから直接もたらされたポジティブな人間らしい遺産と呼べるだろう」と述べられています。

個々人の勇気と公の市民のビジョンの多くは各自が身をもって体験した非常につらい出来事から培われ、それはその他の社会的・個人的・スピリチュアルな性質と並べてコミュニティのアート展で強調されるべきであるというのです。

「死すべき者たちのネットワーク」では、「葬儀・グリーフや緩和ケアの専門家たちによって構成されたグループが学校、職場、公共施設やスポーツクラブを訪問し、死や死にゆくことや喪失の特定の側面について話をする活動である。これらの専門家は死と喪失にまつわる事実についての貴重な情報を提供できるうえに、それらの話題がしばしば生み出すとらえどころのない不安および率直な不安を話し合える有意義な場づくりに長けているだろう。情報とともに、少し気を楽にするような材料も提供し、興味と敬意を芽生えさせ、ユーモアとサポートを提供することができるだろう」というプランが提案されます。

「移動型の死への準備教室」では、移動型の死への準備教室（a mobile death education unit）が紹介されます。これはコミュニティが行動戦略として力を入れ、投資するに適しているもので、ケレハーは「トレーラーやステーションワゴンタイプの車が一台あれば、一〜二人の教育担当者が、死、死にゆくことと喪失について具体的な情報を共有するために学校と工場を廻ることができる。具体的にどのような種類の情報をどのようなかたちで提供するのかについては特定し、合意を得る必要があるが、重い病気を抱える人や障害をもつ人をケアする人への情報から、家族を亡くしたばかりの遺族にどのように接するかという情報まで広範囲にわたるだろう。その他に有益だと思われる情報としては、遺言の作成について、葬式の準備またはグリーフが心身に与える影響などもあげられるかもしれない」と述べています。

『コンパッション都市』からの紹介を続けます。

「ご近所見守りパトロール」では、近隣住民の見守りをするパトロール活動が紹介されます。これは多くの地域で取り入れられており、犯罪防止プログラムとして相当な成果を収めています。

著者は、「基本的には近隣住民が連帯してお互いの所有物を見守り、疑わしい行為があれば初期の段階で迅速に警察に通報するという仕組みである。このようにコミュニティの住民同士が他者の安全とウェルビーイングに責任をもってかかわるという考え方は、他者の健康とウェルビーイングに関しても容易に当てはめることができるだろう」と説明していますが、まさに日本では冠婚葬祭互助会に適した活動であると思います。

「年に一度の包摂的な戦没者追悼記念日」では、非難、恨み、差別、そして憎しみはコンパッションの敵であり、こうした態度は喪失の普遍性と対極に位置すると指摘されます。負の連鎖は避けなければいけません。

著者のケレハーは、「戦争においては、どちら側もその愛する人びとを失っている。なぜそのことが起ったのかを突き詰めるのは歴史的、政治的分析であり、コミュニティが喪失を悼むときのテーマではない。愛する人の早すぎる死は防ぎうるべきであるというコミュニティの認識は、すべての追悼記念日に共通する重要で普遍的なコンパッションと平和に関するメッセージであるべきだ。日本人とアメリカ人がそれぞれの死者を悼みながら並んで行進することができるべきではないか。死と強姦が双方にとっての重大な損失として、戦争にかかわったすべての人びとに記憶される必要がある」と述べています。

「学校・職場での死と喪失への対応策」では、これまでに紹介したコミュニティ活動は地方自治体、あるいは葬儀会社やグリーフ、緩和ケアに携わる組織が主導することも可能だろうと指摘します。教会もまた、その資金や入手をもって同様の監査を受け持つことで、そのような活動をリードしたり、後押しすることができるだろうとしています。

ケレハーは「すべての学校と職場の計画において、死と喪失に関する教育的取り組みが含まれていなければならず、かつ、それは必要が差し迫ったときの直接的な支援のみにとどまるべきでもない。繰り返しになるが、コンパッションは危機に直面したときに行われる対処にとどまらないものであり、予防と、早期介入を含み、あらゆる社会的対応の中心に教育を据えるものである」と述べるのでした。

## コンパッション読書クラブ

『コンパッション都市』では「『コンパッション関連書』読書クラブ」が紹介されています。

昨今読書クラブの人気が上昇しているとして、「楽しみつつ興味のある分野の新刊や気になる話題の潮流を追いながら、似た興味をもつ人びとと出会うのによい方法である。始めることが容易なので、職場、教会、趣味つながりなど地域で自分たちの読書クラブを始めているグループも多くある。三、四人の友人グループからはじめ、そのメンバーが都度友人を招いていく。行政や教会がこのような集まりを主催し、いくつかのグループが平行して開催されている場合もある」と書かれています。これは、わが社が支援するグリーフケアの自助グループであるなどでも行なっている試みです。

わたしはグリーフケアの目的には「死別の悲嘆に寄り添う」こととともに「死の不安を乗り越える」ことがあると考えています。死生観の涵養が重要であるということです。そのために必要なのが読書にほかなりません。

ケレハーは、「特定の本を選んで購入し、グループの全員が各々定められた期間内に読み進める。定期的に集まり、決めた箇所までの内容について意見交換し、その意見が異なる点や、筋の詳細について議論したり、それを元にまた考えを深めてみたりする。一冊終えたら、また別な本が選ばれ、一連の過程が繰り返される」と説明します。

「コンパッション関連書」読書クラブで選ぶ書籍は、コンパッション都市の政策ビジョンすべての領域にかかわるものが適当であるといいます。つまり、死、死にゆくこと、喪失、剥奪、虐待、そして、実存的な省察と議論を伴うスピリチュアルな書籍、世界の宗教、ヒューマニズム、超心理学などを扱う書物です。そして、当然このテーマの詩、小説、そして芸術関連も含まれます。

## 医療制度と思いやり

日本の医療制度というか、社会インフラは世界に誇るべきものだと思います。

しかし、「世界でも類を見ない高水準の医療・介護制度」を維持するためには、高齢者一人あたりの医療・介護費用を削減しなければならないという課題があります。

『コンパッション都市』の監訳者で、静岡大学未来社会デザイン機構副機構長の竹之内裕文氏は「日本の場合、高度成長期における『病院死』の急増により、他の先進諸国と比較して、『在宅死』の占める割合が極端に低い。国民も自宅で亡くなることを望んでいるのだから、（病院や施設と比べて割安な）『在宅死』の比率を他の先進諸国並に引き上げるべきであり、そのための施策を積極的に講じる必要がある」と述べています。

厚生労働省は、二〇三八年までに「在宅死」と「施設死」を合わせた割合を四〇％まで引き上げるという野心的な目標を掲げています。

しかし、竹之内氏は「その実現は容易ではないだろう。所期の目標が遂げられないと、大量の『看取り難民』(二〇三〇年時点で約四七万人と予測される)が生み出されてしまう。『看取り』クライシスが喧伝される所以である」と危惧します。

また、「だれかが困難を抱え、厄介な課題に直面するとき、コミュニティメンバーで支え合い、学び合うことはできないのか。死にゆく者とつき合い、『死』と向き合うことで、一人ひとりが『死とともに生きる』ことを学ぶ機会に恵まれるだろう。生と死の諸課題を共有することで、かけがえのない出会いが生まれ、コミュニティが再生するだろう」とも述べています。

## 孤立を防ぐ施策

世帯構造の変化や人口の高齢化といった要因もあり、社会的孤立とともに孤独死・孤立死が増加しています。誰にも看取られず、死亡後に発見される人は、年間三万人に達するといわれています。孤独死・孤立死は高齢者だけではなく、中高年層にも広く見られます。

竹之内氏は、「有効な対策を講じなければ、配偶者との別居、離婚、死別、あるいは休職、失業などを機に、社会的に孤立し、死へ追いこまれる人はさらに増えるだろう」と述べます。

少子化と共に、大きな社会問題の一つです。コンパッションとして取り組む問題といえるでしょう。「孤独死」ないし「孤立死」という社会現象は、死生の諸課題を分かち合い、互いに支え合う、思いやりが必要です。

孤独死・孤立死を減らすためには、どうしたらよいのでしょうか。

政府は、民生委員や社会福祉協議会による高齢単身世帯の「見守り」を推奨します。

しかし、担い手の高齢化は著しく、無策の感が否めません。そこで終活支援、安否確認、緊急時の対応、葬儀・墓の手配など、多様なサービスを展開する民間事業者が登場します。わが社が推進している「隣人祭り」や「セレモニーホールのコミュニティホール化」といった、わが社の試みがコンパッション都市づくりに重なってきます。

サンレーが主催する「隣人祭り」

「世界同時隣人祭り」

# 孤独死を防ぐ「隣人祭り」

孤立や孤独死を防ぐために、わが社は「隣人祭り」を行なってきました。「無縁社会」などと呼ばれるようになるまで、日本人の人間関係は希薄化しました。その原因のひとつには個人化の行き過ぎがあり、また「プライバシー」というものを過剰に重視したことがあります。そのため、善なる心を持った親切な人の行為を「お節介」のひと言で切り捨て、一種の迷惑行為扱いしてきたのです。しかし、「お節介」を排除した結果、日本の社会は良くなるどころか、悪くなりました。

拙著『隣人の時代』（三五館）で、わたしは、高齢者の孤独死や児童の虐待死といった悲惨な出来事を防ぐには、挨拶などのコミュニケーションとともに、日本社会に「お節介」という行為を復活させる必要があると訴えました。

また、同書では「隣人祭り」というものを提唱し、大きな反響を得ました。

「隣人祭り」とは、地域の隣人たちが食べ物や飲み物を持ち寄って集い、食事をしながら語り合うことです。都会に暮らす隣人たちが年に数回、顔を合わせて、同じ時間を過ごします。誰もが気軽に開催し参加できる活動です。

「隣人祭り」は、二〇世紀末にパリで生まれましたが、二〇〇三年にはヨーロッパ全域に広がり、二〇〇八年には日本にも上陸しました。同年一〇月、北九州市で開かれた九州初の「隣人祭り」をわが社はサポートさせていただきました。

日本で最も高齢化が進行し、孤独死も増えている北九州市での「隣人祭り」開催とあって、マスコミの取材もたくさん受け、大きな話題となりました。冠婚葬祭互助会であり、高齢者の会員さんが多いわが社はＮＰＯ法人と連動しながら、「隣人祭り」を中心とした隣人交流イベントのお手伝いを各地で行なってきました。コロナ禍前の二〇一九年（令和元年）まで、毎年七〇〇回以上の開催をサポートしましたが、最も多い開催地は北九州市でした。孤独死を防止する「隣人祭り」こそはまさにコンパッション・フェスティバルではないでしょうか。

## コンパッションの本質

コンパッションとは「思いやり」であり、「あはれ」「隣人愛」「仁」「慈悲」「利他」などの言葉を包括するキーワードだと述べてきました。わが社は冠婚葬祭を業としていますが、コンパッションは最高の企業コンセプトになります。

真の思いやりをもったケアやサービスは、必ずお客様を笑顔にしていきます。そして、笑顔となったお客様は当然、幸せな気持ちになります。同時にお客様を笑顔にすることができた社員自身も幸せを享受することができると思います。

幸せの場である婚礼のシーンではもちろんのこと、ご葬儀においても「大切なあの人をきちんとお見送りすることができた」と、笑顔になり、スタッフへ感謝の言葉をかけてくださるご遺族が多くいらっしゃいます。つまり、コンパッション・ケア、コンパッション・サービスはお客様にも提供者にも笑顔と幸せを広げていくことができるのです。

婚礼においても、ご葬儀においても、セレモニーが終わればすべて終わりというわけではありません。婚礼においては、夫婦としての幸せな結婚生活が続いていきます。時には、ケンカしたり上手くいかないこともあるでしょう。

こうした時に、思い出されるのは、結婚式や披露宴のシーンではないでしょうか。神様の前で愛を誓い、親族をはじめ、たくさんのお友だちや会社の方々に祝福された〝あの時〟を思い出し、「自分が悪かった。仲直りしよう」とか「あの時の気持ちを思い出して二人でこれからも歩んでいこう」など、お互いに思いやりを持って歩み寄ることができます。そうすれば、きっと仲直りをすることができると思います。こうして、二人の間には持続的幸福が続いていくことでしょう。わたしは、そう信じています。

一方、ご葬儀においては、どうでしょうか？

「故人を故人らしく、しっかりとお見送りできた」このこと自体が持続的な幸福につながってきます。なぜならば、ご葬儀をすること自体がグリーフケアの側面をもっているからです。加えて、わが社では、グリーフケア士によるご遺族の悲嘆ケアにも注力しています。

また、ご遺族の会である「月あかりの会」や、同じ悲嘆をもつ自助グループ「うさぎの会」など様々な角度から、持続的な心の安定（幸福）をサポートさせていただいています。

このような活動を行ってきた経験から、わたしは「コンパッション」という言葉の本質が見えてきた気がします。そして、それは以下のような言葉に分解できると思います。

C are（ケア）
O vation（拍手・賞賛）
M ission（使命）
P resent（贈り物）
A mbition（大志）
S ympathy（共感）
S ervice（奉仕）
I mpression（感動）

**O**ｖｅｒ・ｊｏｙ（歓喜）

**N**ｅ・ｉｇｈｂｏｒ ｌｏｖｅ（隣人愛）

それぞれの意味はおわかりいただけると思います。コンパッションの実践はＣａｒｅ（ケア）であり、Ｓｅｒｖｉｃｅ（奉仕）です。それは「思いやり」のある社会をつくるというＭｉｓｓｉｏｎ（使命）を生みます。児童養護施設への衣装の無償提供や温浴施設での「子ども温泉」「子ども食堂」はＰｒｅｓｅｎｔ（贈り物）であり、相手にＩｍｐｒｅｓｓｉｏｎ（感動）やＯｖｅｒ・ｊｏｙ（歓喜）を与えます。また、相手からも与えられます。それらの活動を支えるのは、相手へのＳｙｍｐａｔｈｙ（共感）であり、その根底には、Ｎｅｉｇｈｂｏｒ ｌｏｖｅ（隣人愛）があります。そして、何よりもコンパッションによって社会を良くしたいというＡｍｂｉｔｉｏｎ（大志）が重要です。

エピローグ

# 大いなるハートフル・サイクルへ
# ＰＤＣＡからＣＳＨＷ

経営学用語に「PDCA」というものがあります。Plan（計画）→Do（実行）→Check（評価）→Act（改善）という意味です。

これから発想したのが、図に示した「CSHW」です。Compassion（思いやり）→Smile（笑顔）→Happiness（幸せ）→Well-being（持続的幸福）のハートフル・サイクルです。

このように「コンパッション（思いやり）」から始まって、「スマイル（笑顔）」、「ハピネス（幸せ）」、そして「ウェルビーイング（持続的幸福）」へ至る「CSHW」のハートフル・サイクルが、今後わが社がコンパッション経営によるコンパッション企業になるための具体的施策と考えています。

コンパッションは、「思いやり」や「慈悲」「隣人愛」「仁」「利他」などを包括する言葉です。これは　わが社が提供するケアやサービスに必要不可欠なものです。

真の思いやりをもったケアやサービスは、必ずお客様を笑顔にしていきます。そして、

# CSHW

**C**ompassion……(思いやり)

**S**mile……(笑顔)

**H**appiness……(幸せ)

**W**ell-being……(持続的幸福)

笑顔となったお客様は当然、幸せな気持ちになります。同時にお客様を笑顔にすることができた社員自身も幸せを享受することができると思います。

幸せの場である婚礼のシーンではもちろんのこと、ご葬儀においても「大切なあの人をきちんとお見送りすることができた」と、笑顔になり、スタッフへ感謝の言葉をかけてくださるご遺族が多くいらっしゃいます。

つまり、コンパッション・ケア、コンパッション・サービスはお客様にも提供者にも笑顔と幸せを広げていくことができるのです。

ＣＳＨＷのハートフル・サイクルは、かつて孔子やブッダやイエスが求めた人類救済のための処方箋となる可能性があるのではないか？　そんなことさえ考えています。

人は「幸せ」を求め、そのためには「思いやり」が欠かせません。

あとは、実行あるのみです！

## あとがき　感謝の気持ちを込めて

エピローグで「ハートフル・サイクル」にふれました。この実現のために不可欠なものは何か。それは「心ゆたか」ということではないでしょうか。

では、心ゆたかになるためには、何が必要なのか。わたしは読書と映画が重要な役割を果たすと思っています。わが社がサポートさせていただいている「月あかりの会」や「うさぎの会」では、グリーフケアや死生観をテーマをした読書会を開催しています。また、わが社が各地で展開するセレモニーホール（コミュニティホール）では、「老い」や「死」をテーマにした映画を友引の日に上映する「友引映画館」を定期開催しています。

わたし自身、読書と映画鑑賞をこよなく愛しています。

まず読書ですが、わたしは「本ほど、すごいものはない」と思っています。自分でも本を書くたびに思い知るのは、本というメディアが人間の「こころ」に与える影響の大きさです。本を読んで死ぬのを思いとどまる人もいれば、夢を描き、志を抱く人もいます。読書とは、何よりも読む者の精神を豊かにする「こころの王国」への入り口です。いつもは仕事関係の本を読みますが、休みの日などは大好きな幻想文学などを耽読したりします。

また、時間があれば努めて映画を観ることにしています。映画を観れば別の人生を生きることができますし、世界中のどんな場所にだって、いや宇宙にだって行くことができます。さらには、古代から未来まで、どんな時代も体験することができるのです。気分転換にはもってこいであり、映画館から出たときは最高にリフレッシュできます。

コロナ禍にかかわらず、仕事や人生において、いろんなストレスが付きものです。「負の感情」にとらわれないためには心のケアが必要ですが、わたしの場合は本と映画が最高の友です。なお、読んだ本や観た映画は感想をブログに書いてアップした後、アーカイブとして「一条真也の読書館」「一条真也の映画館」というサイトに転載します。

本当に、本から、そして映画から、わたしは多くのことを学びました。「幸せ」や「思いやり」を学びました。これまで数え切れないほどの小説を読み、映画を観ましたが、そのメッセージは結局、「生きろ」と「人に優しくあれ」の二つに集約される気がします。間違いなく、本と映画はわたしを「心ゆたか」にしてくれました。

今回、「ウェルビーイング」と「コンパッション」という二大コンセプトについて筆をとるチャンスをいただき、深く考えました。人にとっての幸せとは何か。思いやりとは何か。喪失から生まれる悲しみにどう向き合えばいいのか。その答えにたどり着くための多くの示唆を与えてくるものは、やはり本であり、映画でした。

最後に、「コンパッション」という考え方を教えて下さった島薗進先生、『ウェルビーイング?』『コンパッション!』の二冊の編集を手掛けて下さった内海準二氏、「天下布礼」の同志であるサンレーグループのみなさん、そして、わたしを本に囲まれた環境で育ててくれた両親に感謝いたします。

二〇二三年五月一〇日　還暦を迎えた日に

佐久間庸和

## 佐久間庸和（さくま・つねかず）

1963年、福岡県生まれ。早稲田大学政治経済学部卒業。㈱サンレー代表取締役社長。九州国際大学客員教授。全国冠婚葬祭互助会連盟（全互連）会長、一般社団法人 全日本冠婚葬祭互助協（全互協）副会長を経て、現在、一般財団法人 冠婚葬祭文化振興財団副理事長。2012年、第2回「孔子文化賞」を故稲盛和夫氏（稲盛財団理事長）と同時受賞。日本におけるグリーフケア研究および実践の第一人者としても知られている。上智大学グリーフケア研究所の客員教授を務めながら、全互協のグリーフケアＰＴ座長としても資格認定制度を創設。一条真也のペンネームでの著書は100冊以上。

**コンパッション！ Compassion!**

2023年7月15日　初版第1刷

著　　者 ——— 佐久間庸和《さくまつねかず》
発 行 者 ——— 坂本桂一
発 行 所 ——— 株式会社オリーブの木
〒161-0031
東京都新宿区西落合4-25-16-506
www.olivetree.co.jp
発　　売 ——— 星雲社（共同出版社・流通責任出版社）
カバーデザイン
本文DTP ——— 渡邉志保

印刷・製本　株式会社ルナテック
乱丁・落丁本はお取り替えいたします。

定価はカバーに表示してあります。



ISBN978-4-434-32409-3 C1234